黃纘演 著　吳詩芸 譯
(Hwang Jaeyeon)

金完鎮 繪　朴Yejin 審定
(Kim Wanjin)　(Park Yejin)

被討厭也沒關係

給孩子的阿德勒勇氣心理學

미움받아도 괜찮아
어린이를 위한 용기의 심리학

高寶書版集團

| 好評推薦 |

從珍視自我到與人相處，這本書為孩子最棒的指南，讓孩子懂得獨處也懂得團體，透過生活的小故事，療癒與引導純真的心靈成長。

李崇建（作家、親子教育專家）

日常生活中，孩子會遇到搬家、轉學或轉換班級，必須與新的同學相處。這過程看起來十分平常，但對一些孩子來說，卻是有無比的困難和挑戰，必須打破陌生的藩籬，走出全新的自我。

阿德勒的理論強調「人要與社會有所連結，不要離群索居」，阿德勒心理學用於解決人生三大任務「愛、工作、友誼」所面臨的困境，給人們許多正面的思考與勇氣。

本書內容是以因為搬家而轉學的藝書，要適應新學校，又要交新朋友，覺得害怕和辛苦。但在爺爺的幫助下，藝書慢慢正確認識「我」，學會尊重並喜歡自己的價值，最後和別人成為好朋友。

這是一本給孩子看的《被討厭的勇氣》，以結合阿德勒心理學的簡單生活故事，引導孩子明白何謂真正幸福的價值，教導孩子學會獨自一人的勇氣，以及和別人相處的勇氣。可以讓孩子自己閱讀，也可以由家長陪伴共讀、一起討論，學習克服與陌生朋友相處的能力。尤其個性較無法開放的孩子，更需要由家長陪伴和鼓勵，透過書中的故事，幫助孩子認識自己的價值。

陳清枝（宜蘭森小創辦人、宜蘭縣和花蓮縣實驗教育審議委員）

拿出展現原本的自己的勇氣吧

世界上沒有人就算被討厭也覺得無所謂，因此
《被討厭也沒關係》並不是一本要我們培養被討厭
的耐心的書，而是希望我們能有勇氣建立自信心。
自信心包含了：確信自己能被愛，以及認為自己有
完成被交付的事的能力。雖然成功的經驗能讓我們
的自信心更加堅固，但其實健康的自信心才是成功
的基礎，因此自信心是如此重要。

為了擁有堅強的自信心，必須確切地了解自己；
完全了解自己之後，才能好好地愛自己，並獲得自
信。此時，勇氣就顯得十分重要，因為要有能展現
原本的自己的勇氣，才能真正了解自己。而無法拒
絕別人又一味地配合別人，正是沒勇氣的行為。

不懂得拒絕的人，雖然當下能維持人際關係，

卻會錯過展現與了解自己的機會。到最後，自己仍然無法了解自己喜歡的是什麼；倘若自己都不清楚自己的喜好，要提升生活的滿意度就更加困難了。

本書可以被稱為《被討厭的勇氣》兒童版，它介紹了幸福的本質給孩子們：雖然有一大群朋友也不錯，不過至少要有一位得以交心的朋友才更加的重要；不用為了配合周遭的標準折磨自己，有時候更需要的是用愛了解並擁抱自己那顆珍貴的心。

為了幸福地過生活，努力雖然重要，但對於幸福，也需要建立正確、堅固的價值觀，而本書能幫助我們往那樣的幸福走去。我想，父母在和孩子一起閱讀本書時，或許反而能先得到回頭看看自己的機會，因此我相當推薦這本書。

尹大賢（首爾大學醫院江南中心 心理健康醫學科教授）

我們本來就很珍貴

《被討厭也沒關係》主要是告訴孩子們：每一個人都很寶貴，而且都有不同的特點，也讓孩子產生「我是那唯一、特別的存在」的自信心。然後鼓勵孩子們，即使自己和別人相比有不同或不足，仍要有向前進的勇氣，同時也支持孩子們找出自己擁有的特殊能力或優秀長才，勇於嘗試更大的挑戰。

事實上，現在的孩子們有部分在童年時期就過得十分辛苦，因為有些父母會將自己未完成的夢想投射到孩子身上，並對他們要求完美，不容許一絲錯誤。這樣的父母可能沒有辦法好好養育孩子、給予關心，而且還以大人的立場，硬將孩子變成大人。因此，孩子們受到各種壓力的折磨，活在充滿否定的環境，不僅有學業壓力，在情感調節上遇到困難

時，也可能出現暴力傾向或過度依賴某樣事物，甚至上癮的傾向，這些都是非常嚴重的社會問題。

　　而這本書就是以阿德勒心理學的觀點來協助解決這些問題，它透過主角藝書和爺爺對話的方式增進親近感，帶孩子們從故事中領悟，並誘導他們透過行動去改變。同時，本書也告訴孩子們，與其勉強自己的行為符合他人期待，不如努力認同自己，反而更為重要；孩子們也可以自己做選擇，而且選擇的權利與責任都在他們身上；這本書還談論克服所在的環境需要具備什麼心態，並希望能誘發小朋友產生正向的動機。

　　希望家長和孩子們透過《被討厭也沒關係》可以了解自己所擁有的潛能和能力是重要的資產，更能因這本書有所成長。更希望孩子們能獲得接受「獨一無二的自己」的勇氣，並以這樣的勇氣為基礎，成為自己人生的主人，也堂堂正正地成為這個社會的一員。

　　　　　　朴 Yejin（韓國阿德勒協會會長）

和藝書一起展開勇氣的旅行

本書的主角藝書是個怎麼樣的孩子呢?

藝書是我們很容易在身邊看到的平凡孩子:雖然想乖乖聽父母的話,卻總是沒做到;有時會鬧脾氣,有時又會生悶氣;雖然在學校想表現好,但也會和朋友們爭吵;雖然想成為鋼琴家,卻也有耍賴、不想練習的時候。因為父母都很忙,所以藝書有時需要去補習班,有時得獨自一人在家,這些她都很不喜歡。

而因為藝書的爸爸被派任到印尼,還聽說至少要在那裡工作一年;媽媽則工作繁忙常常晚回家,也經常去國外出差。所以,在爸爸去印尼的這段期間,藝書和媽媽搬到爺爺家住,這樣的話,即使媽

媽不在，爺爺也可以照顧藝書。但因為如此，藝書必須轉學，不管是在陌生的地方和爺爺生活，還是要重新結交新朋友，都讓藝書的煩惱越來越多。

爺爺看著這樣的藝書，開始費心思索該如何幫助她，該怎麼做才能讓藝書充分地了解爸爸、媽媽都很愛她，又該如何讓她堅強地適應新環境呢？因此在媽媽出差的期間，爺爺決定帶著藝書，跟隨著奧地利出生的精神科醫師和心理學家——阿爾弗雷德·阿德勒（Alfred Adler）的學說一起展開勇氣的旅行。現在藝書正要帶著「勇氣」學習仔細了解自己、愛自己，她為了比現在更加幸福，即將跨出她的第一步。

藝書即將接觸的「勇氣心理學」是什麼呢？

　　阿德勒小時候因為生病，身體非常虛弱，書也讀不好，而且他總是拿自己和其他哥哥相比，並因此產生了自卑感。「自卑感」指的是因為覺得自己比別人差，而感到難過的感受。

　　但後來阿德勒帶著勇氣戰勝疾病，也努力得到好成績，更克服了自卑感。他透過自己的經驗了解到「無論是誰都能改變」，重要的是願意下多大的決心去改變。他也發表了「個人心理學」，強調要重視未來，並擁有相信未來會變好的心態。阿德勒曾說：「只要有勇氣，我們就能改變，也就能幸福。」

所以人們也稱阿德勒心理學為「勇氣心理學」。

　　本書就是從《被討厭的勇氣》得到靈感，透過藝書和爺爺的對話，讓讀者更容易親身體驗阿德勒心理學，因此你們也可以將藝書爺爺所說的話當作是阿德勒所說的話。

　　你們已經開始好奇藝書在爺爺的帶領下，會在勇氣的旅行中得到什麼，以及她能不能勇敢地長大了吧？那麼就一起和藝書展開勇氣的旅行吧！希望在旅程結束後，你們能了解「我就是我人生的主角」，並比此刻更勇敢、更幸福地長大！

目　錄

Part1　獨自一人的勇氣

Part 2　和別人相處的勇氣

開端

「我的女兒最乖了，我相信妳一定可以做得很好。那麼，爸，我先出門了。」

藝書和爺爺送媽媽出門後，走進大門，回到了家裡。才剛進家門，藝書就立刻衝進廁所，不久後，伴隨沖水聲，她才從廁所裡走了出來。爺爺非常擔心地問：「肚子又痛了嗎？」藝書只是點了點頭，就走回自己的房間。

藝書媽媽上班的地方是製造種田所需的大型機械的公司，這次因為媽媽成功地讓公司新上市的拖拉機出口到美國，所以她要去美國出差。可是其實藝書對於媽媽是不是負責人、有沒有晉升的事情一點也不在乎，她只是討厭媽媽會因此有段時間不在家。

而因為爸爸接下來整整一年都要在印尼工作，藝書和媽媽從今年春天就搬過來和爺爺一起住，但藝書有時候還是會覺得這個家很陌生，尤其是像今天，媽媽又要出遠門的日子更是如此。蓋著棉被，躺在床上，藝書想起了和媽媽的對話。

　　「要聽爺爺的話，也要乖乖吃飯……我的女兒做得到的，對吧？如果工作順利的話，暑假結束前我就可以回來了，到時候我們再出去玩吧！」

　　「隨便啦！我又不是小孩。妳趕快出門。」

　　藝書很後悔和媽媽賭氣，但她的確因為「媽媽比起自己好像更喜歡工作」這件事感到很憤怒；想著想著，藝書不知不覺自己一個人氣呼呼地睡著了。不知道睡了多久，感覺到似乎有人靠近，藝書睜開了眼睛。

　　「起來啦！要和爺爺去二樓看看嗎？」

　　「二樓？」

　　藝書揉揉眼睛，呆坐在床邊。她從來沒有去過二樓，雖然沒有人說不准去，但總覺得那裡感覺有

層圍欄，讓人不想靠近。藝書稍微清醒一點後，就跟著爺爺上了二樓。

　　二樓空間的天花板隨著整個房子的屋頂傾斜，最矮的地方甚至連藝書都沒辦法完全站直。

　　其中一面牆，從天花板最矮的地方，到爺爺可以站直的高度，全部都擺滿了書；另外一面牆上有個半橢圓的窗戶，向外能看見教會的十字架，還有填滿建築物之間的晚霞。至於房間的中間則鋪了張地毯，上面還擺了一張小桌子和大大小小的坐墊。

philosophy

「這裡好像圖書館，有好多書。爺爺都在這裡讀書嗎？」

　　「呵呵呵！與其說是讀書，不如說是在了解自己吧！爺爺如果來到這裡，心裡就能變得很平靜喔！」爺爺笑笑地看著藝書。

藝書似懂非懂地歪著頭，環視了整個房間。

「妳看！染上晚霞的天空真美啊！」

「對啊！爺爺……媽媽現在是不是也在飛機上看著這片晚霞呢？不知道她現在大概飛到哪裡了。」

藝書似乎想起送媽媽出門時的情況，直直地盯著窗外的天空，爺爺也看著這樣的藝書。

爺爺：妳看起來好像有很多心事，這種時候不用想得太複雜，就不會感到心煩了。

藝書：不用想得太複雜，就不會煩嗎？但我只是因為媽媽不在，覺得很難過，剛才也沒有好好地說再見。

爺爺：要不要試著把煩惱放下，正面思考看看呢？其實我們每個人都活在自己的世界裡，我們怎麼定義這個世界，就決定了它的色彩。如果想法變得正面，甚至可以將灰暗的世界，變得像彩虹一樣繽紛。

藝書：明明很傷心，還能正面思考嗎？而且我們在

同一個國家、同一個社區、同一個家裡生活，不就是活在同一個世界裡嗎？為什麼說活在「自己的」世界？

爺爺：我不是指眼睛所見的世界，而是指自己所感受到的世界。剛剛媽媽出門時，藝書妳的感受和想法會和爺爺一樣嗎？

藝書：我覺得應該差不多吧！

爺爺：我剛才看到媽媽作為大人努力生活的模樣，所以內心感到很欣慰，也很引以為傲。藝書也和爺爺一樣嗎？

藝書：不一樣，我……不喜歡媽媽出差。其他人放假的時候，都跟爸爸、媽媽到處去玩，只有我……。

爺爺：妳看，同樣是送媽媽出門的事，妳和爺爺想的就不一樣了，這就是每個人都活在自己的世界的意思。我們以為我們接收到現實本身，但其實我們沒辦法這麼客觀地認知。

藝書：客觀地認知是什麼意思？還有，怎麼會沒有

接收到所見的現實呢？

爺爺： 嗯～看來要先解釋一下客觀是什麼。「客觀」是指在觀察事物或現象時，不是站在自己的立場，而是站在別人的立場。簡單來說，就是不管是誰看到，都會有類似的感覺或想法。「主觀」則和客觀相反，是站在我自己的立場去感受和思考。啊！妳知道停在院子的那台腳踏車吧？

藝書： 我知道，但那跟主觀、客觀有關係嗎？

爺爺： 嗯，只看腳踏車的外表，別人會覺得那只是一台老舊的腳踏車，但對爺爺來說，卻是一台承載著和兒子的回憶，相當重要的腳踏車。老舊的腳踏車是大部分人看到後「客觀」的想法，但充滿回憶的腳踏車就是爺爺「主觀」的想法了。

藝書： 喔～難怪上次媽媽說要不要丟掉時，您說放著就好。不過，為什麼突然說這些啊？

爺爺： 對啊，為什麼提到這些呢？大概覺得這次放

假爺爺似乎可以和妳多聊聊。

藝書：嗯？要聊什麼？難道是媽媽出了作業嗎？

爺爺：哈哈哈！倒不是那樣。藝書剛剛不是還想著媽媽而心情不好嗎？爺爺想透過聊天，多了解妳在想什麼，然後和妳更親近啊！爺爺也想知道妳為什麼這麼傷心。

藝書：那是因為……媽媽說要工作，就去好遠的地方出差，一點都不關心我過得怎麼樣。

爺爺：嗯，這就是妳對媽媽的主觀想法，但剛剛我也說了我的主觀想法，對不對？

藝書：……

爺爺：這就是我想強調的，大家都用自己的感受和想法在看這個世界。所以啊，媽媽應該也是用她的感受和想法在看待這個世界的，對吧？爺爺希望妳能了解這件事。

藝書：聽起來太複雜了。我真的一點也聽不懂爺爺您在說什麼。

爺爺：沒關係。爺爺有點餓了，要不要吃點什麼？

Part1

獨自一人的勇氣

透過我的眼鏡看世界

　　藝書和爺爺從二樓下來，一起進了廚房。藝書坐在餐桌前，認真想著剛才爺爺說的主觀和客觀的世界；爺爺則在冰箱前翻找了一陣子，最後拿出了巧克力蛋糕。藝書看到爺爺拿出蛋糕，就幫忙從抽屜裡拿出叉子，放在餐桌上。

藝書：昨天在超市吃過這個巧克力蛋糕，真的很好吃。

爺爺：喔～看起來真的很好吃！對了！就是這個！

藝書：什麼？

爺爺：想起一件有趣的事。

藝書：什麼事啊？

爺爺：嗯……妳願意先聽聽看嗎？來！妳先回想一
　　　下昨天和媽媽在超市看到這個蛋糕的時候。

藝書：是考試嗎？

爺爺：呵呵，不是，爺爺是想送藝書一個完全不一
　　　樣的世界，相信我一次吧！想想看昨天在超
　　　市的時候，妳有像現在一樣覺得這個蛋糕很
　　　好吃嗎？

藝書：送我一個世界？嗯……昨天我原本覺得跟媽
　　　媽買東西很煩。

爺爺：為什麼覺得很煩呢？

藝書：因為我知道媽媽是想在出差前，多準備一些
　　　食物放在家裡。

爺爺：原來如此，那剛剛怎麼會說蛋糕很好吃？

藝書：那是因為我們昨天經過蛋糕試吃攤位時，媽
　　　媽說可以去吃吃看，我吃了之後，發現很好
　　　吃。

爺爺：原來有試吃過才知道啊！那媽媽看到這個蛋
　　　糕的時候在想什麼呢？會跟妳想的一樣，是

為了多囤積一些食物在家嗎？

藝書：嗯～媽媽有問試吃攤位的阿
姨好多問題，蛋糕有加什麼
添加物啊、會不會很甜啊、有
效期限到什麼時候等等。我還聽到媽媽跟那
位阿姨說因為是要給我吃的，希望蛋糕是對
身體無害的。

爺爺：喔～所以藝書的心情才變好啊！

藝書：大概吧……我本來就很喜歡蛋糕，但沒想到
媽媽會因為是要給我吃的，就問得這麼詳細。

爺爺：會不會是因為妳知道了媽媽的心意，所以才
覺得蛋糕好吃呢？也有這個可能吧！那麼，
賣蛋糕的阿姨當時又在想些什麼呢？

藝書：不知道……爺爺覺得阿姨
在想什麼呢？

爺爺：嗯～因為媽媽問東問
西，說不定阿姨會想「我
賣的巧克力蛋糕真的對

　　　　　　身體無害嗎？」

藝書：對了！我記得阿姨很自

　　　　豪地說她經常帶蛋糕回

　　　　家給她的兒子吃，而且

　　　　她兒子都吃得很開心，所

　　　　以我們可以安心地吃！

爺爺：喔～原來是阿姨引以為傲的蛋糕啊？

藝書：引以為傲的蛋糕？嘿嘿，好好笑！

爺爺：好玩嗎？現在開始會更好玩。仔細想想喔～

　　　　妳、媽媽和阿姨在同一時間看著同樣的東

　　　　西，但卻因為妳們的想法不同，注意的重點

　　　　也不一樣，妳有發現嗎？

買完吃的東西就要走了嗎？

是藝書要吃的，當然要仔細地注意！

我賣的蛋糕可是能安心地讓小朋友
吃的蛋糕呢！

藝書：真的！三個人想的事情都不一樣！

爺爺：那之後，媽媽和妳買完東西回家，超市阿姨
也帶了蛋糕回家，那麼時間和空間就變得不
一樣了，這時媽媽把蛋糕放進冰箱時又在想
什麼呢？藝書和阿姨又在想什麼呢？

藝書：嗯，昨天媽媽邊整理東西，邊說「即使媽媽
不在，也要好好吃飯，這樣身體才會健康，
身高才會長高」、「巧克力蛋糕不要一次吃
太多，不然會肚子痛」之類的話。如果是平
常，我一定會覺得媽媽在嘮叨很煩人，但那
時卻感覺到媽媽是愛我的。

爺爺：原來如此。那麼當時妳看著蛋糕，又在想什

麼呢？還有，阿姨在她家裡又在想什麼呢？

藝書：嗯……我當時在想什麼啊？阿姨她……爺爺，阿姨的想法我就更不知道了。

爺爺：好吧！那我們就來整理妳的想法吧！一開始在超市時，妳覺得「媽媽這次買完東西，又要出遠門了」，所以心情很不好，但看到媽媽買蛋糕時問了很多問題的樣子，心情就變好了，也願意試吃蛋糕，而且覺得蛋糕很好吃。妳剛才也說了很好吃，對吧？

藝書：對。

爺爺：好，那現在來說說看，是什麼東西改變，讓妳跟爺爺說蛋糕很好吃呢？妳願意想一想，再說說看嗎？

藝書：哎喲！當然是因為好吃才說好吃的啊……再加上媽媽細心挑選，所以覺得更好吃！而且爺爺您的口味不是跟我很像嗎？每次我說好吃，您也都說很好吃。

爺爺：呵呵呵，所以說藝書妳會因為時間、地點、

觀點的不同，對同樣的蛋糕有不同的感覺
囉？

藝書：對！而且雖然媽媽和我一起去超市，看到一
樣的蛋糕，但我們卻有不同的想法和感受，
還會隨著時間變化。我們的確看著同樣的蛋
糕，想法卻不同，可是這件事很重要嗎？

爺爺：非常重要！隨著我們怎麼看待情況，並接受
它，我們的人生就可以改變。

藝書：隨著我們怎麼看待和接受嗎？

爺爺：沒錯！如果正向地看待情況，我們就比較容
易可以繼續前進。這樣的話，我們的人生不
就能一點一點往好的方向走了嗎？

藝書：我好像懂了，但又覺得好複雜。

爺爺：的確是這樣。藝書啊，或許人們都像戴著不
同的眼鏡在看這個世界。如果鏡片是紅色
的，那世界就會變成紅色；鏡片如果髒兮兮
的，世界也就會跟著變得骯髒；隨著我們選
擇的眼鏡，我們所看到的世界就會變得不一

樣。那麼，如果選擇乾淨、品質又好的眼鏡，是不是就能看得更清楚了呢？藝書，妳會想用哪種眼鏡？

藝書： 喔！所以爺爺之前才會說到灰暗的世界也可以變成彩虹般的世界啊！可是我從來沒有那樣想過，不知道我能不能做到。

爺爺： 做決定當然不容易，所以我們需要勇氣。

藝書： 勇氣？爺爺，我覺得您好像在出題考我。

爺爺： 呵呵呵。那麼從現在開始，來想想看妳想要戴哪一種眼鏡，好不好？雖然不要戴眼鏡，用肉眼來看世界才是最真實的，但若要做這樣的選擇，會需要更大的勇氣。

藝書切了一塊稍微融化、口感柔軟的巧克力蛋糕放進嘴裡，口腔內因蛋糕變得涼爽，甜甜的滋味也在嘴裡化開。

「透過我的眼鏡看世界」是指每個人用主觀的角度去接受既定現況的意思。

別人看到的樣子

我看到的樣子

就如「情人眼裡出西施」這句俗語一樣，即使是普通的人事物，也會因為有好感，而看起來更美好。到頭來，要如何看待這個世界，還是取決於我們的心不是嗎？就像是人們常覺得我的男友看起來更帥，或是我的女友看起來更美一樣。

試著說說，有沒有曾經用「我的眼鏡」來看周遭人、
事、物的經驗呢？

雖然別人說我喜歡的男生
長得不好看，但在我眼中
他比誰都帥！哈哈！

我人生的主角就是我

　　幾天後，藝書一吃完早餐，就到客廳角落的鋼琴前坐下，並彈奏起去年在冬季鋼琴比賽中表演的貝多芬第六鋼琴奏鳴曲，客廳內縈繞著琴聲，顯得相當有朝氣。

　　爺爺則拿來兩杯清涼的果汁，藝書在繼續彈奏了一段自己喜歡的曲子後，就走到爺爺旁坐下，並拿起果汁喝。

接著，藝書就像和爺爺約好似的，一起走上了二樓。

爺爺：好久沒聽鋼琴演奏了，真好！妳進步很多喔！

藝書：為了鋼琴比賽，我練習這首曲子很多次喔！不過最近音樂教室練習的新曲子太高階，我覺得好難。

爺爺：會慢慢進步的吧？

藝書：不知道，不曉得是不是因為我的手指太短，這首曲子老是練不好。

爺爺：所以最近對鋼琴沒興趣了嗎？

藝書：嗯，對⋯⋯，爺爺怎麼會知道？

爺爺：是媽媽說最近妳比較不常練習，好像漸漸沒有興趣的樣子。

藝書：媽媽真是⋯⋯

爺爺：想成為鋼琴家的夢想改變了嗎？

藝書：沒有，不是這樣。

爺爺：那爺爺就問一個問題。

藝書：好。

爺爺：妳為什麼想成為鋼琴家呢？

藝書：嗯，因為這樣我就可以親自演奏出悅耳的曲子啊！

爺爺：如果是這個原因，那不一定要成為鋼琴家，自己多練習就可以做到，不是嗎？

藝書：咦？

爺爺：爺爺好奇的是，妳是不是真的喜歡彈鋼琴，而且喜歡到想跟每個人說「我的工作是演奏鋼琴」，就像有人說「我的工作是幫別人治病」，或「我的工作是滅火」一樣。

藝書：以前看了姑姑在音樂會上彈鋼琴的模樣，覺得姑姑看起來很厲害，就想如果我也能穿著漂亮的禮服彈鋼琴好像也不錯……

爺爺：還有呢？

藝書：嗯……去年我在鋼琴比賽得獎之後，媽媽就好像已經把我當成鋼琴家似的，走到哪裡都

在炫耀，所以我也覺得很開心，然後爸爸也非常高興。

爺爺：我了解了。不過為什麼最近卻覺得彈鋼琴變得無趣了呢？

藝書：練習的曲子越來越難，手指的長度也一直讓我很在意，因為我的手指跟爸爸一樣很短。

爺爺：也是，我們家的手指都不細長，原來藝書也一樣啊！哈哈！

藝書：爺爺，我很認真！

爺爺：喔！我不應該笑妳的，抱歉。妳很認真，我卻沒有發現。

藝書：但是爺爺為什麼要問原因呢？

爺爺：好奇妳為什麼想成為鋼琴家啊！妳還小，的確可能單純因為父母的期待、鋼琴家看起來很厲害，或是喜歡悅耳的曲子而想成為鋼琴家，但是這真的是妳的夢想嗎？爺爺希望妳能在漸漸長大的過程中，找到自己真正喜歡的事，因為姑姑、爸爸、媽媽和爺爺都沒辦

法為妳尋找。如果我們想幫妳，那就會造成別的問題。

藝書：但是姑姑和媽媽幫了我很多。

爺爺：她們當然會幫妳。但藝書，這件事妳一定要記得。

藝書：什麼事？

爺爺：在決定夢想時，試著先不要考慮姑姑、媽媽或爸爸的想法，這樣妳還是覺得彈鋼琴很有趣嗎？不然，試著想想如果媽媽不支持妳彈鋼琴，妳還會想要繼續嗎？

藝書：可是媽媽或姑姑真的都幫了我很多啦！而且媽媽喜歡我彈鋼琴。

爺爺：哎喲！之前的對象都是大人，要對像妳一樣的小朋友說明，還真是不容易。好，我再解釋詳細一點，在爺爺看來，像妳一樣聽話的小孩，常常會因為父母或周遭的人的緣故，無法按照自己的意願去選擇，也就是說，太聽話反而成了問題。

藝書：咦？太聽話也是問題？

爺爺：雖然現在還不容易理解，但妳願意慢慢聽我說嗎？

藝書：好！

爺爺：為了能做出真正屬於妳的選擇，從現在開始，爺爺希望妳能慢慢練習自主思考，以及自己做選擇。暫時忘掉媽媽喜歡的，專注在妳自己的想法和意願，假如鋼琴成為妳的阻礙，那就要果敢地丟掉。

藝書：什麼？把鋼琴丟掉？

爺爺：我的意思不是馬上把鋼琴當垃圾丟掉，而是為了能冷靜地判斷，要在心中刪除。因為，我們人生的主角就是自己，不是父母或是朋友。連續劇裡不是都會有主角嗎？在藝書的人生中，主角就是藝書喔！雖然也要感謝爺爺、爸爸、媽媽或姑姑提供的經驗和知識，但這些經驗與知識是不能代替妳做決定的。

藝書：可是，要成為鋼琴家是我自己決定的！

爺爺：是沒錯！但不只是妳，很多大人都認為是自己做的選擇，事實上卻只是把別人的視線和想法誤認為是自己的想法，更有許多人為了符合別人的期待，活得不像自己，這樣是不好的吧？雖然妳現在還小，但我希望妳能漸漸熟悉怎麼活出自己的人生，而不是配合別人。

藝書：您說我想成為鋼琴家的夢想不是我決定的，而是別人決定的，這點我無法理解。而且如果真的是這樣的話，我現在該怎麼辦呢？

爺爺：這一點也不複雜。只要從現在開始，慢慢了解妳真正想要的是什麼就可以了。

我是因為想生氣才生氣的？

爺爺暫停了話題，拿出筆記型電腦，在搜尋窗格打上「藉口」後，點了其中一個部落格的文章，是一篇有搞笑的貓咪和小狗的圖片，以及有趣的文字的文章。

藝書：哇！好好笑！看看這個表情！哈哈！

爺爺：最近真的很多人會上傳有趣的東西到網路上呢！怎麼樣？是誰應該要讀書，卻說太累，又是誰說自己手指太短，所以沒辦法彈鋼琴呢？

藝書：爺爺！我沒有拿手指當藉口！

爺爺：呵呵呵，我知道。我不會告訴媽媽，但妳願不願意偷偷跟我說，為什麼妳覺得彈鋼琴變無趣了呢？

藝書：嗯，彈鋼琴是很有趣，但我不知道我有沒有成為鋼琴家的實力，也不知道如果最後我沒有成功，該怎麼辦？再加上我的手指又不適合彈難的曲子⋯⋯總之，最近就是覺得彈鋼

琴沒有像以前一樣有趣。

爺爺：原來如此。不過現在不必馬上決定要不要將鋼琴家當作目標，也不用擔心會不會做不到，因為那都還是很遠的事。可是妳需要花時間想想，為什麼彈鋼琴這件事變得無趣，這樣才能知道原因，以及妳真正想要的是什麼。

藝書：爺爺……其實……或許我真的是把手指短當作藉口，來逃避彈鋼琴……真丟臉。

爺爺：不用覺得丟臉，任何人都有可能這樣，為了目標選擇自己的情緒，也會為了配合當下製造情緒。

藝書：咦？情緒可以選擇？

爺爺：沒錯！就是指人們會故意做出自己想要的情緒或表情。我跟妳說一個有趣的實驗，好不好？以前曾有德國的科學家們拿原子筆做了一個實驗。他們將受測者分成兩組，一組要用嘴唇含住原子筆，另一組則用牙齒咬住原子筆，我們也來試試看吧？如何？用牙齒咬住原子筆的話，就會嘴角上揚，如果用嘴唇含住的話，就會是愁眉苦臉的樣子，對吧？

藝書：哈哈，真的！用牙齒咬的話，嘴巴就會張開，看起來像在笑，但如果用嘴唇含的話，就會愁眉苦臉的，像在哭一樣。

爺爺：是吧？咬完原子筆之後，科學家給兩組受測者看同樣的動畫電影，並在電影結束後，問受測者覺得電影有不有趣，妳覺得結果是什麼呢？

藝書：這個我知道。用牙齒咬原子筆的人都說有趣，用嘴唇含著原子筆的人都覺得很無聊，對不對？

爺爺：答對了！即使不是出自真心的笑容，還是能讓人更正向地面對狀況，而且並不是因為電影很有趣才讓受測者笑的。因為就算沒有任何原因，如果一直笑的話，就會覺得電影有趣；相反地，一直哭的話，就連看有趣的電影，都會感到難過。

藝書：沒錯！我偶爾也會假笑。但這和生氣還是不一樣吧？我都是因為忍不住才發脾氣，要故意生氣好像很難做到。

爺爺：妳也這樣想吧？的確也有很多人這樣認為，但事實卻不是如此。人們常常利用發脾氣來

製造出自己想要的情境，舉個例子來說，假設妳犯了很多錯，媽媽非常生氣，正在大聲罵妳的情況。

藝書：喔！光想像都覺得可怕。您不是知道媽媽發脾氣的樣子嗎？

爺爺：呵呵，是啊！妳媽媽生氣的時候，聲音就會變得尖銳吧？但假設這時候門鈴響了，媽媽確認對講機後，發現是常來的快遞叔叔，這時媽媽會用什麼樣子去開門呢？會依然用尖銳的聲音憤怒地說「請問是哪位？」嗎？不會吧！媽媽會冷靜下來後，才去開門、取貨，還會溫柔地道謝，對不對？等快遞叔叔離開之後，又會繼續大聲地罵妳。妳想想看喔，雖然是這麼短的時間內，媽媽卻隨著狀況不同而改變，為什麼會這樣呢？

藝書：嗯……因為快遞叔叔沒有犯錯？

爺爺：是嗎？那當別人犯錯時，無條件發脾氣是正確的嗎？

藝書：不是。

爺爺：沒錯！媽媽並不是因為忍不住才大聲發脾氣，而是認為要大聲罵，妳才會聽話，而且她也認為那是身為媽媽該做的事。但是如果媽媽冷靜地說明哪裡做錯，妳也會聽懂的，對吧？

藝書：當然囉！我已經長大了，用說的我也會聽。

爺爺：很好！那來回想妳和朋友玩，結果發脾氣的經驗吧！真的是因為忍不住才發脾氣的嗎？還是因為想要贏過朋友，或事情沒有照著自己所想的發展，才提高音量、皺著眉頭呢？明明說「我們這樣試試看，好嗎？」就可以解決了。

藝書：嗯……好像是這樣。不過爺爺，我還是覺得有點奇怪，聽起來好像在騙人。

爺爺：是啊，的確可能覺得哪裡怪怪的，呵呵呵。一開始要理解會有點困難，爺爺以前也是。不說這個了，下次有機會我、媽媽、爸爸和

妳四個人來好好談談妳想成為鋼琴家的事
吧！

藝書：不行！

爺爺：為什麼不行？

藝書：我不知道，反正暫時不要跟媽媽說，我怕媽
　　　媽會失望，說不定還會生氣。

爺爺：原來是擔心這個啊！如果因為媽媽失望，藝
　　　書妳就決定朝鋼琴家的夢想前進，那這到底
　　　是誰的人生？是妳的人生嗎？妳會幸福嗎？
　　　為了對得起自己的人生，我們必須脫離他人
　　　的期待，優先思考自己想要的是什麼，所以
　　　不用擔心媽媽會失望。而且爺爺保證，媽媽
　　　絕對不會失望的……藝書，妳怎麼不回話呢？

　　藝書埋怨地看著爺爺不久後，就大哭了起來，
於是爺爺手忙腳亂地哄著藝書，還急急忙忙地從冰
箱裡拿出冰淇淋給她。過了一陣子，看到藝書稍微
冷靜下來之後，爺爺接著說……

爺爺：媽媽絕對不會失望或生氣的，還會很以藝書

　　　為傲！爺爺保證！

藝書：真的嗎？您真的這麼認為嗎？怎麼確定的

　　　呢？

爺爺：剛剛說過媽媽是基於某種理由，才選擇發脾

　　　氣的。

藝書：並不是因為我說了不想成為鋼琴家而生

　　　氣……

爺爺：沒錯！而且就算妳真的不想成為鋼琴家，媽

　　　媽也不應該生氣。

藝書：不應該生氣？但是她是媽媽……

爺爺：嗯，因為不管要不要成為鋼琴家，選擇權都

在妳身上。如果妳選擇不要，媽媽卻發脾氣，表示她希望妳照著她的話做，才選擇生氣的。但媽媽平時不是都會尊重妳的想法嗎？所以她一定可以理解的。

藝書：這個……嗯……真的會理解嗎？

爺爺：當然！絕對會的！藝書，對於想成為鋼琴家這件事，能做選擇的是誰？能下判斷的是誰？又是誰的人生呢？

藝書：是我！

爺爺：沒錯！所以媽媽不能生氣，當然媽媽也不會為藝書的選擇而生氣的！

　　　　藝書好像不是很清楚自己想不想成為鋼琴家，如果藝書想變得幸福，該怎麼做比較好呢？仔細想想藝書和爺爺的談話內容，選出最好的選擇吧！

□夢想成為鋼琴家，更努力地練習彈鋼琴。
□想想看有沒有其他喜歡的事物。
□仔細想想是不是真的想成為鋼琴家。

如果是我，我會怎麼做？

~~~~~~~~~~~~~~~~~~~~~~~~~~~~~

~~~~~~~~~~~~~~~~~~~~~~~~~~~~~

~~~~~~~~~~~~~~~~~~~~~~~~~~~~~

~~~~~~~~~~~~~~~~~~~~~~~~~~~~~

~~~~~~~~~~~~~~~~~~~~~~~~~~~~~

我辦得到的與辦不到的

　　在一個難得有涼風的下午，爺爺正在整理塑膠袋中的空瓶和紙箱，準備要丟資源回收，還請在看電視的藝書將原本在二樓箱子裡的報紙拿出來，藝書聽話地將報紙一疊一疊的拿出來，拿著拿著卻突然停下來，認真地看著最上面的那一份。

爺爺：怎麼看得這麼認真？

藝書：因為看到這個被蟲咬的蘋果，為什麼這會在報紙上呢？不對，是遭到冰雹襲擊的蘋果？

爺爺：我看看。唉喲！這是妳爸爸出生前的報紙呢！竟然還沒丟掉。

藝書：爸爸出生之前？爺爺怎麼知道是那麼久以前

的事？

爺爺：啊！藝書是第一次看到這種報紙吧？看到報
紙上面寫的東西嗎？這裡寫的是年度及日
期，我看看，原來是 1973 年 7 月 3 日的報紙！

藝書：真的是第一次看到這麼多漢字的報紙，感覺
好難喔！而且字是直的寫，我都不知道該從
哪裡讀起。

爺爺：妳的確可能看不懂，現在的報紙幾乎沒有漢
字，大家也熟悉橫式的寫法，當然會覺得很
陌生。藝書，這樣直的寫的文章要從右邊開
始讀。妳提到的蘋果呢？我來看看，喔，沒
錯，跟妳說的一樣，蘋果遭到冰雹傷害。

藝書：以前蘋果遭到冰雹傷害是可以上報紙的重大
事件嗎？

爺爺：就是啊，爺爺也很好奇，我們來仔細看看，
好嗎？

藝書：好！

靠巧思度過危機的果園

　　這是美國新墨西哥州的農夫 James Young 的故事。

　　James Young 在高山地區經營一個蘋果農場，不久之前，也是蘋果即將收成之時，他的農場下了場嚴重的冰雹，讓蘋果都因此受傷了。原本馬上就可以賣的蘋果全都有了缺損，應該不會有任何人想買了吧，但最後經過一番苦思後，這位農夫卻靠著巧思度過了這個危機。

　　原來他將寫了下面內容的紙條和蘋果一起放入箱子中再出貨。

　　「因為下了場嚴重的冰雹，這次的蘋果都受傷了。不過，這些傷也證明這些蘋果確實是生長在高山地區，因為高山地區常發生氣溫突然下降的情況，蘋果才會變得更甜、更結實、更好吃。」

　　收到這些蘋果的人們在看完農夫的紙條後，都願意試吃這些賣相難看的蘋果，而且也的確如農夫所說，蘋果非常的好吃。之後，因為這樣的口耳相傳，他「遭冰雹的蘋果」還反而變得更加有名。

藝書：哇！這位農夫好厲害喔！

爺爺：是啊。這位農夫對於「如何運用現在所擁有的資源」有很好的判斷力。

藝書：嗯，原本可能必須把蘋果全部丟掉，這位農夫卻成功地賣光。

爺爺：呵呵。如果是妳，在那種狀況下，妳會怎麼做呢？

藝書：我可能會吃光，或是分給其他人吧！

爺爺：那也是不錯的想法。不過若蘋果賣不出去，農場就有可能經營不下去，對吧？

藝書：是這樣嗎？我沒有想這麼多……嗯，我還太年輕，好像無法想到這麼遠。

爺爺：妳是這樣想的啊！就像剛剛妳說自己還小，人們其實經常在意「現在我們所沒有的」。啊！妳不要誤會，我不是說妳就是這樣，懂吧？

藝書：嗯。

爺爺：所以啊，當人們不想做某件事或感到不幸時，常會歸咎於「缺乏」上。用「因為沒有○○，所以我才做不到○○」或「我因為缺乏○○，才會這麼不幸」的方式當作藉口；換句話說，就是不努力運用自己所擁有的去嘗試，卻只注重自己所沒有的，抱持著放棄的想法。

藝書：爺爺，可是如果只有一點點東西，那也就只能做到一點點。啊！我也是這樣。我是指我的手指，因為我的手指短，所以難的曲子都彈不好。如果我的手指很長的話，就算是再難的曲子，我也能輕鬆地彈好了吧？

爺爺：原來妳這樣想啊！妳知道 Raoul Sosa 這個人嗎？他是一位以左手彈琴聞名的鋼琴家。

藝書：Raoul Sosa? 我第一次聽到。

爺爺：他以前來過韓國表演。這個人從小時候就有非常優秀的鋼琴實力，但在 40 歲時遭逢意

外，右手癱瘓，所以只能用左手彈琴。

藝書： 天啊！真的嗎？

爺爺： 是啊！不過他沒有放棄，還不斷練習用左手彈琴。最後，他成為能給予大家感動，並受到喜愛的鋼琴家，甚至獲得「黃金左手」的稱號。

藝書： 哇！他是怎麼做到的？兩隻手彈琴都很困難了……太厲害了！

爺爺： 是啊！他到底怎麼做到的呢？如果當時他在意那隻癱瘓的右手，也就是「他沒有的東西」，那會怎麼樣呢？

藝書： 應該就沒辦法繼續彈鋼琴了吧……我現在好像稍～微懂您在說什麼了。

爺爺： 稍～微？呵呵呵，那也不錯。那藝書能不能試想看看，要怎麼運用自己所擁有的呢？

藝書： 可以！雖然很難，但我願意試試看。

從媽媽出差之後，爺爺似乎常常想要告訴藝書什麼，會突然搭話。其實藝書不是很了解爺爺所說的那些話，有時候會完全聽不懂，卻因不忍打斷講得很開心的爺爺，就默默地聽著。但是今天不一樣，就像是發現了藏在閣樓的寶物箱，有種神秘又興奮的感覺。

在我們眼裡沒有用處的蘋果，在別人眼中可能是珍貴的禮物。請記得，不要在乎擁有什麼或缺少什麼，重要的是該如何運用。

那麼現在我所擁有的是什麼，該如何好好運用呢？

> 例：我的房間是家中最小的，但可以安靜地念書或閱讀，所以我很喜歡。如果弟弟吵著說要一起玩的話，我們可以到附近的遊樂場，或是帶著玩具到客廳玩，不用想著太小沒空間。

~~~~~~~~~~~~~~~~~~~~~~~~~~~~~~~

~~~~~~~~~~~~~~~~~~~~~~~~~~~~~~~

~~~~~~~~~~~~~~~~~~~~~~~~~~~~~~~

~~~~~~~~~~~~~~~~~~~~~~~~~~~~~~~

~~~~~~~~~~~~~~~~~~~~~~~~~~~~~~~

為自己的人生課題負責就好

　　藝書每天都會和媽媽通電話，不過因為媽媽所在的地方和韓國相差了十六個小時，所以有時候會無法通話。但如果是媽媽的工作提早結束、藝書也不用去補習班的週末，就可以用筆記型電腦視訊。今天就是可以視訊的日子，可是不知道為什麼，視訊訊號很不穩定，導致通話斷斷續續，因此最後媽媽和藝書只好決定明天再通話。視訊結束後，藝書在電腦裡點開裝有照片的資料夾。

爺爺：已經講完電話了嗎？

藝書：對。今天雖然不用去補習班，但電話一直斷掉，所以決定明天再打了。

爺爺：應該很難過吧。

藝書：我沒事，畢竟還是比什麼都沒做來得好。

爺爺：那妳現在在做什麼？

藝書：我在看照片。爺爺，您看過這張照片嗎？這是我在上一所學校做的。

爺爺：我是第一次看到。圖畫排得真好！大家一定很辛苦地練習吧！

藝書：對啊！非常非常累，而且男同學還一直打鬧，就更辛苦了。

爺爺：呵呵呵，班上的確會有搗蛋鬼存在，但你們還是做到了啊！

藝書：對啊，我們邊做邊被老師罵，有人搗蛋被罵後，又有人分心……唉！

爺爺：哪一部分最累呢？

藝書：大家必須同時翻自己負責的紙卡，但一直輪流做錯，所以重新做了好幾次。

爺爺：了解，不斷重複做讓妳覺得最累啊？

藝書：唉！現在想想還是……唉！

爺爺：不過藝書每次都有在正確的時間點翻紙卡嗎？

藝書：當然！我都有遵照時間，非常專心地翻。

爺爺：是喔！可是為什麼妳要這麼做呢？

藝書：嗯？這是當然的啊！

爺爺：什麼事是當然的？

藝書：我在對的時間翻紙卡這件事。如果不這樣

做，圖畫就排不好，我們就得再重來一次。
這樣的話，我和其他同學都會很累啊！

爺爺：我們藝書不管別的同學有沒有翻紙卡，只專
注在自己的紙卡上，努力的配合時間，真的
很棒呢！

藝書：嗯！除了少數幾個同學外，大家都翻得很
好。

爺爺：妳了解什麼是最重要的東西呢！只要相信同
學會翻好紙卡，專注在自己該做的事上就能
成功。

藝書：爺爺，您好奇怪。我只是翻紙卡，不懂「最
重要的東西」是什麼，還有您說「只要專注
在我該做的事上就好」？這也像謎語一樣，
我聽不懂。專注在我該做的事哪裡好？

爺爺：呵呵呵。如果專注在自己該做的事，就能變
幸福！因為幸福是從人際關係開始的。

藝書：我不太懂。

爺爺：其他同學和妳一樣，都做好自己的工作，在

對的時間翻紙卡，所以你們才能排出這麼美
麗的圖畫，對吧？

藝書：對。

爺爺：如果妳想確認其他同學有沒有認真翻紙卡，
妳可能就沒辦法專心好好翻；或者妳因為生
氣而不翻紙卡，其他同學也和妳一樣的話，
練習就一直無法結束了吧？

藝書：對啊！可能到現在都還在練習，哈哈。

爺爺：嗯，所以妳以後遇到每件事，也要相信其他
人都能負責自己的部分，像這次練習一樣，
乖乖地翻自己的紙卡就好。明明不能幫別人
翻，卻太過在意別人的話，就容易因事情不
順自己的意思，而無法感到幸福。

藝書：喔～我好像聽懂一點了。當時如果我不相信
其他同學，也沒有做好我該做的事，就會變
得更辛苦。所以以後不多管閒事，努力做好
自己份內的工作就行了，對吧？

爺爺：沒錯！不過還要注意一點。要記得信任並尊

重別人的意見。

藝書：喔！

爺爺：我們無法脫離群體獨自生活，如果沒有爺爺、媽媽或爸爸，妳也無法自己生活吧？老師和同學們也都是如此。這就代表我們勢必得不斷和身邊的人締結人際關係，而幸福與不幸也全都來自於此。

因此，不需要要求他人分擔自己的人生課題，自己也不需要分擔他人的人生課題，只要想著自己該如何行動，並信任、尊重他人。雖然別人可能不信任自己，但那也是對方的課題，我們無法改變，所以只要做好自己該做的事就行，當然前提是也要傾聽他人意見。「信任他人的心」及「分割我自己和他人的人生課題」能讓彼此劃清角色和責任的界線，而這正是解決人際關係問題的鑰匙，也是通往幸福的路。

向幸福走去的填字遊戲

只要一點一點培養想變幸福的想法，就能比現在更加幸福。試著將引導我們走向幸福的詞填入白色空格中。

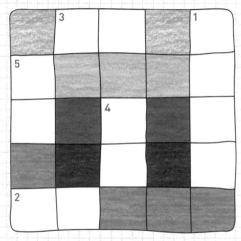

1. 幸福或不幸都來自於○○○○。

2. 如果○○在我該做的事上，就能變得更幸福。

3. ○○他人和我的人生課題。

4. 信任和○○身邊的朋友。

5. 大家都是我的○○。

解答在 80 頁

Part 2

和別人相處的勇氣

比較之下的優越感和自卑感

藝書和班上同學出去玩，一回到家就看到爺爺開心地走來迎接，並將手上拿著的書放到了一邊。藝書看到那本書後，噗哧地笑了一聲。

藝書：爺爺，您在看《醜小鴨》嗎？哈哈。

爺爺：呵呵呵，是啊！有什麼好笑的啊？

藝書：沒有啦！只是覺得大人還讀兒童繪本很神奇，我小時候就已經全部看完了。

爺爺：哈哈哈，我當然知道故事內容。只是上次整理二樓時找到這本書，我就不知不覺看了起來。藝書現在還記得《醜小鴨》在講什麼嗎？

藝書：當然！小時候常常讀，所以我都記得。故事是在講醜小鴨變天鵝。嗯，要再講得更詳細嗎？

爺爺：好啊！妳說說。

藝書：醜小鴨出生後，因為長得太醜，不但受欺負，還被趕出家裡，所以牠只好到處漂泊，但最後牠變成了優雅的天鵝，從此過著幸福快樂的生活。結束！

爺爺：呵呵呵。整理得淺顯易懂，謝謝妳啊！

藝書：哎喲，這又沒什麼。

爺爺：故事大綱是醜小鴨因為長得醜而不幸福，長

大後擁有優雅的外貌，才變得幸福。不過，醜小鴨真的是因為外表不好看才不幸的嗎？那長得不好看的人，就無法幸福嗎？

藝書：嗯，他們也可以過得幸福，但如果像醜小鴨一樣，跟周邊的人長得不一樣的話，的確也會煩惱。大概不會很不幸，但也不是很幸福吧！嗯～其實我也會這樣，朋友們的頭髮都又柔又亮，就只有我的頭髮粗糙雜亂，顯得跟他們特別不一樣……我每次一想到頭髮，心理就不太開心，感覺一點也不幸福。

爺爺：原來妳有這種煩惱啊！可是爺爺覺得稍微捲捲的頭髮很好看……。如果下定決心，難道不能變開心幸福嗎？爺爺認為幸福也是一種選擇。

藝書：真是的，又不是下定決心就能改變。就算燙直頭髮，也一下子就變回來了。唉～外表是天生的，很難改變。爺爺認為在朋友之間只有我是自然捲，我還是能開心嗎？

爺爺：當然可以。我一步一步地說給妳聽，好嗎？
首先，妳有曾經感到優越的時候嗎？

藝書：優越感⋯⋯啊！是指炫耀自己很厲害的意思
嗎？

爺爺：類似，就是認為或感覺自己比別人好。妳有
這種感覺過嗎？

藝書：嗯，有時候好像有，例如：老師稱讚我的時
候、在大家面前發表的時候？啊！還有在鋼
琴比賽得獎的時候！

爺爺：原來妳在這些時候會有優越感。這樣想想，
現在的時代的競爭比妳爸爸那個時代還要激
烈啊！

藝書：現在都稱做競爭時代，還說我們從出生開始
就在競爭。

爺爺：呵呵呵，妳什麼都知道呢！沒錯，現在妳正
在競爭成績、比較外貌⋯⋯，還在其他眼睛
看不見的競爭中生活。在這當中也會有感到
優越的時候⋯⋯

藝書：有優越感是壞事嗎？

爺爺：不一定。事實上只要是人，就會想要有優越感，因為大家都希望自己能越來越進步。如果沒有這樣的想法，藝書妳喜歡的漫畫、電腦或音樂現在可能都不會存在！因為想進步的心態可說是人類發展的基礎。妳也有這樣的心態嗎？

藝書：嗯，我也希望自己比現在更好。最近我就好想被選為學校才藝表演會的班級代表，在舞台上唱歌跳舞，因為這樣可以更受歡迎。

爺爺：那去選就好啦！

藝書：但是我有點矮，而且我長得不夠漂亮。如果我再漂亮一點，就一定能被選上。

爺爺：嗯？妳和同齡的小孩相比算高，而且很漂亮又可愛啊！

藝書：那是因為您是我的爺爺啊！我的身高和長相都很普通，在學校身高比我高、長相比我漂亮的人非常非常多。還有像國中生一樣會打

扮的同學呢！

爺爺：是嗎？但是妳已經很漂亮了。所以
　　　妳會因為不能更漂亮，覺得難過嗎？

藝書：也不是覺得難過，但我想要變得更
　　　美。

爺爺：如果是這樣就還好，上次好像
　　　也提過，人們所經歷的所有感
　　　覺和煩惱其實都是來自於人
　　　際關係。因此，如果分割自
　　　己和別人的人生課題就能變
　　　幸福。

藝書：對！不久前聊翻紙卡練習時
　　　講過，但這樣好奇怪，我因
　　　為身高而苦惱，這不是我一
　　　個人的煩惱嗎？也是我自己
　　　要解決的……這件事為什麼和
　　　別人有關呢？

爺爺：想像一下，如果這世界上只有

妳一個人，妳還會因為身高而煩惱嗎？如果
世上根本沒有比妳高或比妳矮的人，那身高
如何就變得無所謂了，不是嗎？

藝書：喔？這樣想的話的確沒錯！可是，這樣就是
說，我對身高的煩惱不是我自己的問題嗎？

爺爺：是妳的問題，但也不是妳的問題。

藝書：嗯？又是聽不懂的話。爺爺，太難了。

爺爺：是嗎？簡單來說，妳現在是因為和別人比較
才有煩惱，對不對？「喔！我比他還矮。她
比我美。」這些感覺都是因為人類無法獨自
生活而產生的。不只是妳，很多人也都會和
別人比較，也有人會覺得自己比較不好而難
過。這樣覺得自己比較不好的感覺，我們稱
為「自卑感」。

藝書：那自卑感是不好的嗎？

爺爺：也不一定，自卑感本身並沒有好壞。剛剛也
說過，任何人都希望自己比現在更好，或許
也可以說自卑感的產生來自於希望進步的想

法。妳在練習鋼琴時，如果覺得自己彈不好，是不是會想更努力地彈好呢？

藝書： 對啊！這樣講的話，自卑感不是不好的東西呢！

爺爺： 但是妳因為身高不高、長相不漂亮，就說自己跳舞跳不好、無法成為班級代表的話，就會成為問題，這就不會稱為自卑感，而是叫做「自卑情結」，也是一種藉口，或許也可以說是不好的自卑感。這樣聽得懂嗎？

藝書： 好像懂一點點。

爺爺： 那我再繼續說，如果妳說「我跳舞跳不好，但我想跳得更好，所以我要更努力」，那就是往好的方向發展；但如果認為「我又矮又不好看，跳舞也跳不好，所以沒辦法成為班級代表」，這樣事先放棄的話，就成為問題了。

藝書： 可是……那是真的。個子矮的人跳舞的時候，跳不出帥氣的動作，所以一般都會是個

子高的同學被選上。

爺爺：但妳還是想成為班級代表上台跳舞，不是嗎？

藝書：是啊！

爺爺：那麼就要活用妳所擁有的。嗯，例如只有妳才能跳的舞？

藝書：哎喲！這就更難了！我會跳的舞，其他人也都跳得很好。您沒看過才不曉得，大家都很會跳舞，個子高的同學都能夠像大人一樣跳很帥氣的舞。

爺爺：是嗎？我不曉得。不過爺爺認為跳舞跳得好壞，跟「只有妳能跳的舞」是不太一樣的事。假設妳跳的舞是可愛俏皮的風格，那麼個子比妳高的孩子就算想跳，他們也未必能表現好，這樣的舞風反而更適合妳，不是嗎？而且爺爺覺得像大人一樣跳舞，不一定比較帥。這樣想，還會覺得很難嗎？

藝書：喔！我沒有想到⋯⋯因為覺得不可能被選

上，就在生氣……您說的對，不一定要和別人跳一樣的舞，一定也有我可以表現得很好的風格。

爺爺：沒錯。我不是不曉得妳的想法，雖然不容易，但我相信妳能克服這些困難。我也來幫忙想想什麼樣的舞比較適合妳。

藝書：爺爺您也要想舞步嗎？哇！一定很有趣！之後我們再一起找影片來看喔！

深入思考
進入阿德勒的書房

現在我希望能更進步的地方是？

想想有哪些我事前覺得做不到而放棄的事？

我專屬的特長有哪些？

想想看如何好好運用我的特長。

〔67 頁的解答 1. 人際關係 2. 專注 3. 分割 4. 尊重 5. 朋友〕

受歡迎就會感到幸福？

爺爺：剛剛藝書妳說想成為班級代表，是因為想要受大家歡迎，對吧？

藝書：對啊！受歡迎不是很棒嗎？

爺爺：看來受歡迎應該有什麼好處囉？

藝書：可以得到大家的關注，而且看起來很厲害，想跟我變好朋友的人一定也會變多啊！

爺爺：原來如此，這個時候妳似乎就會有優越感呢！

藝書：對。怎麼了嗎？

爺爺：嗯，我有點擔心。妳跳完舞之後，如果覺得「我做到了！我進步了！」，為自己感到驕傲和滿足，這不會有什麼問題；但若妳是因

為別人的視線或讚賞而有優越感，那就會是個問題了。

藝書： 得到稱讚，所以心情好，也有優越感，這樣不好嗎？

爺爺： 妳現在的想法有點混亂吧？不然我們來試著想想看，如果妳跳舞跳得非常好，但人們沒注意到妳，妳的心情會如何呢？

藝書： 如果大家沒注意我，感覺心情會不太好。

爺爺： 為什麼會這樣？如果努力跳了喜歡的舞，自己也很滿意，不管別人有沒有稱讚，妳的心情應該都會很好啊！但妳覺得心情會不好，是不是因

為其實妳是希望得到讚賞才跳舞的呢？

藝書：不是這樣！我是因為喜歡才跳舞的！但雖然
是因為喜歡，如果能受到關注、得到稱讚，
心情也會很好。

爺爺：爺爺想說的是，妳因為喜歡跳舞，想跳得好，
所以每天努力練習，光是這一點就足夠了。
先假設妳希望得到別人的期待和稱讚，而且
妳拚命練舞，舞蹈實力也確實增加，但大家
還是沒有稱讚妳，那會如何？會不會認為
「一定是我還做的不夠好」，自責自己，也
感到不幸福呢？

藝書：……

爺爺：藝書，妳只要過妳自己的人生就好。如果是妳
想做或喜歡做的事，無論有沒有別人的關注
或稱讚，只要一步一步的持續往前走就行了。

藝書：我懂了……可是，這有點難。

爺爺：嗯，沒錯。對了！妳有在用網路社交平台
嗎？

藝書：有，和媽媽約定好不能加不認識的人好友、
　　　不能講髒話、媽媽想看時要給她看……，她
　　　才答應我可以用的。

爺爺：那妳上網去找一位叫做 Jenny 的女生，聽說
　　　她是網路紅人的樣子。

不被別人肯定也沒關係

藝書：喔？這位姐姐現在不用網路社交平台了，但
　　　她之前上傳的照片好漂亮喔！追蹤好友也好
　　　多，感覺很受歡迎！

爺爺：是嗎？我也來看看。為什麼她現在不用了？

藝書：她說因為網路社交平台讓她變得不幸，在社
　　　群上的自己也不是真正的自己，以後還要把
　　　照片都刪除。

爺爺：嗯，一開始發表漂亮的照片時，因為大眾的
　　　關注及稱讚，心情應該很好，但一直持續聽
　　　到這樣的稱讚，就會認為要上傳更好看的照
　　　片吧？這樣的話，她可能會更注重修圖，或
　　　強顏歡笑也不一定，也就是為了展現大家喜

歡的那一面，喪失了真正的自己。太在乎別人的關注和稱讚，就會變成這樣，這會是幸福的人生嗎？

藝書：啊……！或許社群裡的 Jenny 姐姐並不是真正的她，是為了人們所塑造出來的。那麼她應該也會害怕被揭露真實的模樣吧……我好像稍微可以理解了。

爺爺：是啊！如果老是配合別人的期待，就會發生這樣的事。藝書，之前我們談過「我人生的主角就是我」，妳還記得嗎？

藝書：記得。那時也有說太聽話是問題、選擇權在我手上……等等。

爺爺：沒錯，我也有提到，若一直配合他人的期待，就很容易失去自己，過著別人的人生，就像這位 Jenny 一樣。剛剛提到的跳舞也是同樣的道理，若為了得到認可而跳舞，會變怎麼樣呢？

藝書：嗯……一開始可能會覺得很有趣，但過了一段時間應該會感到厭煩吧！或許還會變成即使自己有另外喜歡的風格，卻只能跳大家喜歡的舞的情況，那就會越來越不喜歡練習，甚至討厭跳舞也不一定。

爺爺：是啊。即使別人沒有稱讚妳長得漂亮、舞跳得好也沒有關係，只要對自己有自信，並為了變得更好而努力就行了。爺爺舉個例子，以考試來說，就算沒有人稱讚妳做得好，但如果分數上升，妳心情就會很好吧？甚至會更願意認真寫作業！

藝書：沒錯，就是這樣！

爺爺：所以說，幸福不是別人給予的。不需要太在乎別人的看法，爺爺希望妳能優先考量「自己想要的是什麼」，妳能試著鼓起勇氣做到嗎？

藝書：我會努力的。因為幸福不是別人給的，是需要我努力爭取的啊！

爺爺：對！爺爺也會幫助妳的！我的天啊！已經是
　　　晚餐時間了。我們今天就先講到這裡，下次
　　　再繼續聊吧！

要試試以自己為中心的思考練習嗎？在空格中填入自己的名字讀讀看，會變成一篇專屬自己的作品喔！

我人生的主角是我

在 ＿＿＿＿＿＿＿ 的世界裡，＿＿＿＿＿＿＿

就是主角。

鏡子裡的 ＿＿＿＿＿＿＿ 微笑著，

因為鏡子裡的人是，

有著 ＿＿＿＿＿＿＿ 的想法、

用 ＿＿＿＿＿＿＿ 的聲音唱歌的 ＿＿＿＿＿＿＿ 。

即使世界上有高矮胖瘦，各式各樣的人，

但在 ▢▢▢▢▢▢ 的世界裡， ▢▢▢▢ 就是主角。

▢▢▢▢▢ 會靠自己的判斷，

選擇 ▢▢▢▢ 所擁有的機會，

澆灌一點一滴成長的 ▢▢▢▢▢▢ 的幸福大樹。

因為在 ▢▢▢▢▢ 的世界裡， ▢▢▢▢ 才是主角。

專注自己能改變的事更重要

　　幾天後，藝書和爺爺各拿著一杯清涼的果汁，到了閣樓，繼續上次提到《醜小鴨》故事的談話。

爺爺：可以再跟爺爺說一次醜小鴨的大綱嗎？

藝書：您忘了嗎？

爺爺：因為又過了幾天，再整理一次似乎比較好，說吧！

藝書：哈哈哈，好的！您要仔細聽喔！原本是天鵝的醜小鴨陰錯陽差地跟鴨子家族一起長大，因為長相不同遭到排擠，所以只好離開家，但還是到處受欺負，非常可憐。最後牠長大成為優雅的天鵝，就過著幸福快樂的生活。

爺爺：嗯，謝謝妳啊！藝書，但醜小鴨除了離家出
走之外，難道沒有別的選擇嗎？

藝書：嗯……應該很難堅持、忍耐下去吧。雖然
或許能像上次您說的，專注在自己所擁有
的……，但牠是因為長得醜才被排擠及欺
負……，如果是我，應該也會離家出走。

爺爺：人們的確會這樣想，不過這世上本來就沒有
完美的人。之前也提過，每個人都會想要越
變越好，對吧？

藝書：對，但外貌並不能改變啊？

爺爺：是沒錯，外貌是出生時就已經賦予我們的，
因此我們需要分割「可以改變的」及「不能
改變的」。若聚焦在不能改變的部分，即使
再努力想方設法，也只是徒勞無功吧？那只
會讓身心更加疲累。

藝書：對啊！所以醜小鴨一定也很難過，因為外貌
是不能改變的。

爺爺：不過，我也曾這樣想，會不會醜小鴨是為了

離家出走，才找「我長得醜，所以受欺負」的藉口呢？

藝書：什麼？怎麼可能！

爺爺：為什麼不可能呢？藝書妳難道沒有曾經因不想去學校，裝作肚子痛嗎？

藝書：那是因為不想去學校才這樣做的啊！世上哪有人會想要離家出走！醜小鴨是因為被嘲笑長得醜，又受欺負，才被趕出去。外貌又沒辦法更改，怎麼可能拿來當藉口！

爺爺：當然鴨子家族的欺負可能真的嚴重到讓人無法堅持，但妳應該也有讀過許多偉人傳記，這些偉人即使在艱困的條件中，還是堅定地追求自己的夢想，不是嗎？假設醜小鴨真心想跟鴨子家族一起生活，應該還有其他方式能改變鴨子們的心吧？

藝書：要怎麼做呢？

爺爺：還記得之前說過鋼琴家的 Raoul Sosa 的故事嗎？

藝書：嗯！要活用我現在所擁有的資源這件事很重
要，不因為自己沒有的而放棄？

爺爺：很好！在這個故事套用看看那個原理。舉例
來說，天鵝的體型不是比鴨子大嗎？

藝書：對，天鵝比較大。

爺爺：那力氣應該也很大吧？

藝書：嗯，應該吧？

爺爺：那牠的力氣大，就能抓到更多的魚吧？如果
將多抓的魚跟鴨子家族分享呢？

藝書：對，可以這樣做。如果鴨子家族的生命受到
其他動物的威脅，醜小鴨也能把其他動物趕
走！

爺爺：沒錯，也可以這麼做。這樣一起過生活的話，
跟鴨子家族的感情會變深，或許也就不用想
著要離家出走。

藝書：喔！好像是這樣。

爺爺：嗯，我就是想讓妳了解這個。醜小鴨跟鴨子
家族的過去，或是無法改變的長相，都不是

最重要的。對醜小鴨而言，最需要的是認可並活用自己的過去及現在所擁有的，也就是「接納自我」。

藝書：接納自我？

爺爺：就是指能提起「勇氣」去接受自己無法改變的部分，並改變可以改變的部分，像醜小鴨，牠就沒有鼓起勇氣改變可以改變的。妳說個子矮讓妳很苦惱，對吧？但爺爺認為妳現在年紀還小，長高的機會還有很多。當然也有可能長不高，不過妳想一直在意無法改變的身高，然後覺得自己不幸嗎？妳很會彈琴不是嗎？而且彈琴完全不受身高影響，也就是說，妳只要專注在妳努力就可以改變的部分就好。

藝書：嗯，現在好像可以理解了。不要為了不能改變的事苦惱，只要重視我擅長的事，對吧？

爺爺：哈哈，大概是這樣。已經是午餐時間了呢！藝書，妳想吃什麼啊？

藝書：披薩！

　　吃完披薩的藝書躺在沙發上，不知不覺進入甜蜜的夢鄉。睡了好一陣子，醒來發現爺爺坐在電腦前。

藝書：爺爺，您在做什麼？

爺爺：我在妳睡午覺的時候，改編了一下《醜小鴨》的故事。

藝書：什麼？您說您改編了《醜小鴨》嗎？

爺爺：之後再來慢慢看吧！

藝書：我醒了！現在就想看！

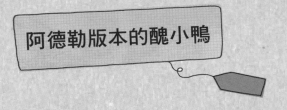

阿德勒版本的醜小鴨

　　很久很久以前，有隻天鵝意外地在鴨巢中誕生。

　　「天啊！牠怎麼長這樣？真醜！」這是鴨媽媽對破蛋而出的天鵝所說的第一句話。雖然牠仍然在鴨媽媽的照顧下健康長大，但過了一陣子卻開始出現問題，因為其他兄弟姊妹發現天鵝跟牠們長得完全不一樣。

　　「搞什麼，牠長得好醜，塊頭又這麼大。」

　　「身上顏色也跟我們不一樣。」

　　「牠好奇怪。」

　　哥哥、姐姐們漸漸開始排擠天鵝，甚至連一開始站在天鵝這邊的鴨媽媽也開始遠離牠，兄弟姐妹們甚至還在牠面前抱怨：「因為牠是大塊頭，難怪吃這麼多。都是因為你，害我們都吃不夠！」

「為什麼我長得跟哥哥、姐姐不一樣呢？」

小天鵝相當難過，並從那天起開始減少食量。但小天鵝需要吃得比哥哥、姐姐多兩倍以上才不會餓，於是小天鵝想到了一個辦法：「嗯！我也要像媽媽一樣抓魚。這樣哥哥、姐姐就不會抱怨了。」

因此小天鵝非常非常努力地跟著媽媽學習抓魚的技術。就這樣有一天，正在練習的小天鵝嘴上咬著一條魚回到水面。

「耶！我抓到魚了！」實在是太開心的小天鵝大聲喊著，雖然不小心讓抓到的魚逃走，但小天鵝馬上又入水抓了幾次，並驕傲地把抓到的魚帶到哥哥、姐姐和媽媽面前。

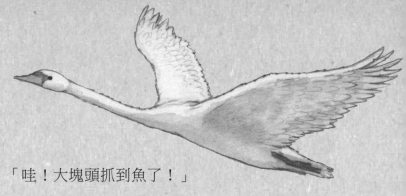

「哇！大塊頭抓到魚了！」

「原來如此，我們家大塊頭抓魚來給我們！謝謝你啊！」

兄弟姐妹和媽媽都非常感謝和開心，小天鵝也因此心情好到快飛上天了。

後來，洪水來襲導致湖水上漲，要找到食物變得越來越困難。住在湖泊中的鴨子因為很難找到食物，過得非常辛苦。這時，小天鵝已經長得比成鴨還要大，力氣也足夠在急流中前進。

「別擔心！我一定會帶食物回來！」

小天鵝遵守了這個約定，抓了非常多魚，不僅能分給家人，還分享給鄰居。因此所有鴨子都對天鵝很感恩，也把天鵝當作朋友。

之後有一天，小天鵝覺得翅膀癢癢的，沒想到過不久翅膀開始長出直挺的羽毛，原來是因為牠成為青少年了，而且有能力飛翔，這也讓牠發現原來自己不是鴨子，而是天鵝。

　　天鵝開始煩惱：該跟鴨子一起生活嗎？還是我要飛到天鵝聚集的地方呢？

　　不過不管是哪個選擇，天鵝都覺得無所謂，因為跟鴨子一起生活已經非常有趣了。而最後牠決定再冒險一次，即將成為成鴨的哥哥、姐姐們也叫牠不用擔心，為牠加油。於是，天鵝跟鴨子們辭別後，高高地飛上天空。

藝書：哇！天鵝改變了！好帥！

爺爺：是啊，可以感覺到和原本的《醜小鴨》有什麼不同嗎？

藝書：天鵝不用到處流浪了。

爺爺：沒錯！天鵝不用辛苦地流浪，還有呢？

藝書：嗯～在原本的《醜小鴨》裡，醜小鴨跟鴨子、老婆婆和樵夫的結局都不太好，但這個版本裡沒有。

爺爺：對，這次天鵝不僅跟鴨子們好好道別，也沒有機會遇到老婆婆和樵夫。

藝書：嗯。

爺爺：藝書，妳不覺得改變後的天鵝更好看嗎？

藝書：當然啊！因為大家都很幸福快樂。

爺爺：那是因為天鵝做了什麼，讓結果有差異呢？

藝書：天鵝不是注意「不能改變的」，而是認同原
　　　本的自己，並努力做當下能做的事。

爺爺：沒錯！不過這不是件容易實踐的事。如果
　　　很容易，我想我們就毫無煩惱，大家都變
　　　得很幸福。

藝書：對啊，我應該比爺爺更了解有多困難吧！我
　　　也想像天鵝一樣，克服對外貌的自卑感。話
　　　說回來，我覺得有點好笑，明明鴨子長得更
　　　醜啊！

爺爺：哈哈，是嗎？那是我們的想法，在鴨子眼中，
　　　的確有可能覺得天鵝長得醜。

藝書：哈哈哈，也是。

爺爺：總之天鵝沒有因自卑感而難過，而是找出並

專注在自己擅長的事上。

藝書： 嗯，對。

爺爺： 可是在現實生活中要鼓起那樣的勇氣其實不容易，大部分的人更常因自己和別人不一樣垂頭喪氣，或迴避和他人相處。

藝書： 沒錯，我有時候也會那樣。

爺爺： 嗯，但是改變後的天鵝專注在當下辦得到的事上，而不是辯解自己因為長得跟兄弟姐妹不同，受到差別待遇。不找「因為〇〇，所以我做不到〇〇」的藉口，還找出當下自己能做的事，努力地去做。

藝書： 聽了您說的這段話之後，我覺得天鵝更帥氣了！

爺爺： 嗯嗯，我也希望藝書能和天鵝一樣，分割不能改變的及可以改變的，並提起勇氣去改變可以改變的部分。最後，還有非常重要的一項！

藝書： ⋯⋯？

爺爺：剛剛的故事中，天鵝最後的結局如何？

藝書：牠離開了鴨子們，飛去找其他的天鵝……

爺爺：沒錯，牠飛走了。在原本的版本中，最後牠也是飛走的，對吧？雖然結果相同，但核心概念卻相當不同。在阿德勒版本的醜小鴨中，天鵝是有得到鴨子們的信任和鼓勵的。

藝書：對，大家都漸漸需要牠、喜歡牠。

爺爺：我們再來探討看看即使在這樣的狀況下，還是清楚判斷出自己想要的東西的天鵝吧！雖然已成為家人間的英雄，卻還是決定出去冒險，這便是丟掉想被認可的欲望了，或許也可以說是克服了「認同欲望」。

藝書：認同欲望？

爺爺：沒錯！更準確地來說，就是想要從自己以外的他人得到認同的欲望。前面也有說過，有時候他人的稱讚反而會束縛自己，因此必須脫離才有辦法得到真正的自由，雖然想要脫離也需要很大的勇氣。

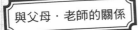
被罵是自己選擇的？

　　這天早上因為藝書不必去補習班，所以相當悠閒，就和爺爺一起整理著奶奶生前留下的物品和相簿，並將奶奶珍惜的這些東西整齊地放進紙箱裡。整理到一半，藝書看到爸爸和姑姑小時候的家族照片，很感興趣。

藝書：喔！是爸爸！哇，爸爸和姑姑還好小，爺爺、
　　　　奶奶也好年輕！

爺爺：是啊，這是很久以前的照片呢！後面那座山
　　　　是埋葬我的爸爸，也就是妳爸爸的爺爺和奶
　　　　奶的地方喔！雖然現在因為被開發，已經消
　　　　失了。

藝書：嗯，我記得爸爸曾說以前住的地方建了公寓。照片裡看起來，爸爸和奶奶長得真像！

爺爺：妳爸爸越大越像奶奶，姑姑則比較像我……

藝書：奶奶是個怎麼樣的人呢？

爺爺：嗯，因為妳那時還太小，所以不知道嗎？在妳上小學之前，奶奶常常照顧妳……不記得了嗎？

藝書：我是記得長相和感覺，但其他就……，因為過太久了。

爺爺：原來如此，妳爸爸除了長相之外，個性也和奶奶一模一樣。奶奶的個性和我完全相反，是偏向大方灑脫的類型，不太會在意小事，

反而是我的個性比較細心。爸爸是不是不太會念妳？

藝書：對，不太會叫我這樣做、那樣做。

爺爺：是啊，就是這樣。

藝書：爺爺，爸爸和我差不多大的時候是怎麼樣的人呢？

爺爺：就是一個非常不聽話的搗蛋鬼。

藝書：您說爸爸嗎？

爺爺：別懷疑，他那時可是村子裡有名的搗蛋鬼。奶奶一到傳統節日，都會特別做很多年糕，邊說「我兒子今年也讓你們費心了，真是不好意思」，邊分送年糕給每個鄰居，代替妳爸爸表達歉意。

藝書：爸爸以前竟然是這樣！嘿嘿。

爺爺：是啊，現在應該都裝作不記得了吧！

藝書：好有趣！爸爸通常都怎麼搗蛋呢？

爺爺：他的事蹟多到說幾夜都不夠吧？我想想⋯⋯對了！可以講那個故事！以前村子口山腳下

有塊墓地，小孩子都很喜歡在那裡玩……

藝書： 在墓地附近玩嗎？

爺爺： 是啊，因為那裡有一片鬆軟的草地，很適合玩耍，冬天也有陽光。而且那個年紀的男孩子……該怎麼說，算是測試膽量吧！

藝書： 呃，光用聽的就覺得好恐怖。

爺爺： 哈哈，我小時候也是這樣玩的。在那個時期，出去玩是小孩的本業啊！

藝書： 所以發生什麼事了呢？

爺爺： 某個冬天墓地發生火災，村子的人都趕緊過去滅火，妳奶奶也有過去。等到火完全被滅掉後，大家就開始要找引起火災的犯人，奶奶也在現場觀察了一下，就看到原本在旁邊閒晃的爸爸的朋友，一聽到要找犯人後全都跑走了。

藝書： 天啊！

爺爺： 嗯，是該說「天啊！」的情況。最後雖然還沒到傳統節日，奶奶還是帶著爸爸到鄰居家

道歉，也分送年糕給大家。

藝書： 爸爸真是……不過怎麼會引起火災呢？

爺爺： 大概是玩耍的時候不小心的吧！總之，妳爸
爸很會用這種方式吸引注意力。

藝書： 不是啊，一直搗蛋的話，應該會被您和奶奶
罵啊……爸爸為什麼這麼愛搗蛋呢？

爺爺： 或許是想被罵吧！

藝書： 什麼？想被罵？

爺爺： 對。

藝書： 為什麼？被罵不是不好嗎？為什麼會想被
罵？我無法理解。

爺爺： 世上哪有人喜歡被罵呢？可是爸爸一直搗
蛋、被罵，最後還是有所收穫。

藝書：爸爸得到什麼？

爺爺：人們的關心。其實妳爸爸在學校很受歡迎，特別是在男孩子之間，那個年紀常會覺得這樣的惡作劇很帥氣。因為大家都喜歡妳爸爸，把他捧得高高的，所以他才會一直搗蛋，比起被罵，他更討厭失去朋友的關心和注意。

藝書：喔，好像可以理解了。我們班也有這種同學，就算被老師罵也不覺得怎麼樣。下課的時候，其他同學就會跑去找他們聊天。

爺爺：那藝書對這樣的同學有什麼看法呢？

藝書：嗯，其中有一個同學因為不寫作業被罵，一開始我也好奇他是不是發生什麼事，但是後來他越來越常不寫作業，也經常被罵。雖然有時候他會哭，但有時候又一副無所謂的樣子，而且每天都有無法寫作業的理由也很奇怪。

爺爺：嗯，爺爺雖然沒見過這位同學，無法輕易下定論，但或許這位同學也像妳爸爸小時候，為了得到他人的關心，所以不知不覺有這些行為。還是家裡有事，或沒有協助他寫作業的人呢？啊！如果妳去陪他一起寫作業呢？

藝書：呃，可是我跟他不熟……

爺爺：試試看吧！他需要妳的幫助也說不定。

藝書：嗯，萬一開學後，他還是不寫作業的話，我到時候再想想看。

爺爺：好，謝謝妳啊！其實爺爺當時也因為妳爸爸的事反省了很多。因為回憶起當時了，才覺

得這位同學的狀況不像別人的事。

藝書：您為什麼要反省呢？明明是爸爸的錯。

爺爺：當時我工作非常忙碌，所以不太關心家裡，一直拚命工作，也沒有做好身為父親的職責。或許妳爸爸不僅想得到朋友注意，也想得到我的關心，因為每當我聽到妳爸爸又闖禍，我就會罵他。以妳爸爸的立場，平常看起來不關心自己的父親，現在把自己叫去罵，就好像達成某種成就。如果當時我不發脾氣，而是做為爸爸的朋友，和他好好聊聊，並教他如何提起勇氣的方法該有多好。

藝書：勇氣？嗯，即使是不小心的，敢玩火應該算很勇敢了吧，還需要什麼勇氣呢？

爺爺：我所說的勇氣和妳想的不一樣。我之前有說過，每個人都有自己的課題，對吧？就像是一種作業。我說的勇氣就是指「能自己面對這個課題，並自己解決」的力量。當時我應該要教妳爸爸該怎麼得到這樣的勇氣……

藝書：那要怎麼做才能得到這種勇氣呢？

爺爺：這以後再慢慢告訴妳吧！

藝書：嗯，一定要說喔！不過真的很神奇，沒想到爸爸也有這種時期。

爺爺：是啊。那時候的搗蛋鬼不知不覺已經變成爸爸了，哈哈。

藝書：那個……爺爺，我想或許我對媽媽也是這樣。

爺爺：妳是指什麼事？

藝書：我有時覺得媽媽工作很忙，都不關心我，就會鬧彆扭。媽媽下班回來我不理她，有時候也不吃飯，或是大聲關門，因為這樣做的話，雖然媽媽會來我房間問東問西或罵我，但最後還是會抱抱我。或許我也是希望得到媽媽關心才這麼做，我是不是也很像爸爸呢？

爺爺：呵呵呵，妳還小，的確有可能這樣。但如果妳能鼓起「面對課題的勇氣」，一定會改變的。

藝書：所以要怎麼樣做才能有那種勇氣？啊！如果得到稱讚，應該就能有勇氣了。只要媽媽或老師稱讚我很乖、做得好，我就會渾身充滿力量。剛剛也有說到力量，對吧？

爺爺：答錯！之前應該有說過不要太在意別人的稱讚，妳忘了嗎？

藝書：對耶！但這有點不一樣啊。也有好的稱讚，不是嗎？

爺爺：那麼，我們再探討一下「稱讚」吧！嗯！該說那個故事了。因為爸爸太愛搗蛋，所以當時我決定不用罵的，改用其他方式，但還是失敗了。

藝書：啊？又失敗了？天啊！

稱讚就一定是好的嗎？

爺爺： 那時候，我認為太常罵妳爸爸，他可能會更
愛搗蛋，所以決定用別的方法。因為妳爸爸
非常喜歡足球，午餐時間為了趕緊去踢足
球，都會稀里呼嚕地趕快吃完飯，放學後也
會踢足球踢到很晚才回家。所以我和他約定
好，如果他不搗蛋，乖乖聽話的話，我就買
新的足球和足球鞋給他。只要幫忙做家
事、跑腿或聽話，奶奶就會給他一張有
奶奶簽名的紙條，想要得到禮物就要
集滿相對的紙條張數，就類似乖寶寶
貼紙之類的。妳幼稚園的時候也應
該蒐集過吧？

藝書：對啊！不過這個方法很好啊！這樣爸爸就不
　　　會搗蛋，乖乖做事了。為什麼卻說失敗呢？

爺爺：我當時也認為這樣做很好。不僅能讓爸爸更
　　　專心在自己喜歡的事上，也比較不會搗蛋。

藝書：結果爸爸又搗蛋了嗎？

爺爺：嗯，沒錯。

藝書：為什麼？他做了什麼？

爺爺：妳爸爸紙條蒐集得比想像中還要快，一開始
　　　爺爺認為是「他真的很想要足球和足球鞋
　　　啊！」但速度實在是太快，快到讓我起疑，
　　　去調查了一下，才發現原來是妳爸爸趁奶奶
　　　不在時，指使其他朋友做他該做的事，再說

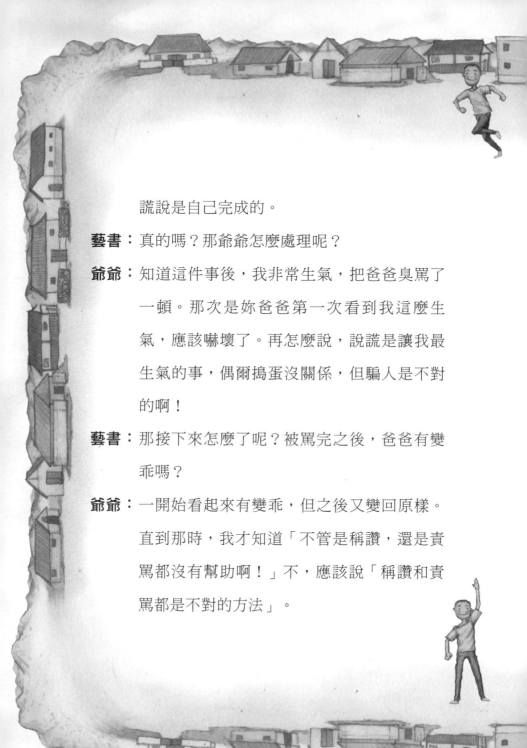

謊說是自己完成的。

藝書： 真的嗎？那爺爺怎麼處理呢？

爺爺： 知道這件事後，我非常生氣，把爸爸臭罵了
一頓。那次是妳爸爸第一次看到我這麼生
氣，應該嚇壞了。再怎麼說，說謊是讓我最
生氣的事，偶爾搗蛋沒關係，但騙人是不對
的啊！

藝書： 那接下來怎麼了呢？被罵完之後，爸爸有變
乖嗎？

爺爺： 一開始看起來有變乖，但之後又變回原樣。
直到那時，我才知道「不管是稱讚，還是責
罵都沒有幫助啊！」不，應該說「稱讚和責
罵都是不對的方法」。

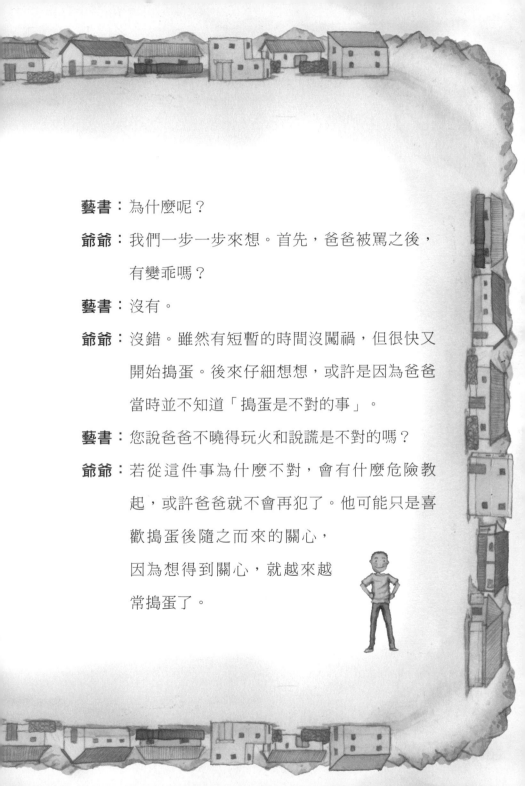

藝書：為什麼呢？

爺爺：我們一步一步來想。首先，爸爸被罵之後，
　　　有變乖嗎？

藝書：沒有。

爺爺：沒錯。雖然有短暫的時間沒闖禍，但很快又
　　　開始搗蛋。後來仔細想想，或許是因為爸爸
　　　當時並不知道「搗蛋是不對的事」。

藝書：您說爸爸不曉得玩火和說謊是不對的嗎？

爺爺：若從這件事為什麼不對，會有什麼危險教
　　　起，或許爸爸就不會再犯了。他可能只是喜
　　　歡搗蛋後隨之而來的關心，
　　　因為想得到關心，就越來越
　　　常搗蛋了。

藝書：啊！跟之前的 Jenny 姐姐一樣對不對？因為只在意他人的關注……

爺爺：沒錯！所以我才覺得不應該發脾氣或責罵，乖寶寶貼紙也一樣不可行。爸爸雖然蒐集了很多貼紙，卻為了蒐集貼紙說謊騙人，假裝家事是自己做的。因為想集滿貼紙得到新的足球和足球鞋，所以「照著」我說的做，而不是「真心」想做，只是活在別人的期待底下。

藝書：喔！我聽懂了！沒錯，我也曾經做過我不喜歡做的事，只為了聽到「嗯，真乖！」

爺爺：是啊，所以沒有所謂好的稱讚，是爺爺的方法錯了。爺爺不該用責罵或稱讚的方式，按照我的意思控制爸爸，而是應該一起好好想想問題在哪，什麼地方做錯，以及談談以後該怎麼做才對，也就是要告訴他「如何提起面對課題的勇氣的方法」。

藝書：又出現了！提起勇氣的方法。

爺爺：嗯，這是為了讓妳更好理解的說法，正確來
說，應該叫做「賦予勇氣」。「賦予」就是「給
予」的意思，懂嗎？

藝書：可以想成「給予勇氣」嗎？勇氣要怎麼給
呢？請教教我。

我有我自己的價值

爺爺：嗯……藝書啊，我先問妳一個問題。假設妳
到了學校，發現有張衛生紙掉在教室地板
上，妳會怎麼做？

藝書：撿起來丟到垃圾筒。

爺爺：嗯，但妳為什麼會這樣做？

藝書：因為老師說要這樣啊！

爺爺：老師為什麼叫你們這樣做呢？

藝書：這樣我和同學才能有乾淨的教室使用。

爺爺：嗯，但如果沒有人看到妳把衛生紙撿起來丟
進垃圾筒，老師、同學都沒有看到，所以沒
人跟妳說做得好或謝謝，妳還會想把衛生紙
撿起來丟掉嗎？

藝書：嗯……這就讓人有點苦惱了。

爺爺：為什麼？

藝書：這不是只為了我好才做的事啊！對同學們、老師們也是好事，如果沒有人知道，我應該會有點失落，而且這件事也不是一定要我做，不是嗎？

爺爺：原來如此。好，那麼這次試著想想看妳在家洗碗，第一次的時候，媽媽應該會稱讚妳很乖巧。

藝書：我有時候真的會洗碗喔！

爺爺：很好。可是洗了一次、兩次、三次，稱讚應該就會漸漸消失了吧！接著妳可能會感到失落，那時還會有幫忙洗碗的意願嗎？

藝書：可能不會有。

爺爺：再加上有時也會不想洗碗，但為了得到稱讚不得不洗碗時，心情怎麼樣？

藝書：應該不太好。就算能得到稱讚，但刻意去做不想做的事還是會很煩。

爺爺：沒錯，那麼如果妳洗了碗，媽媽或爺爺跟妳說「謝謝」，妳的心情又會如何？

藝書：喔……應該會很開心又滿足！這就像是為了某人付出的感覺！平常都是媽媽、爸爸或爺爺先為我付出，但這次卻換我先為你們付出。

爺爺：很好！那下次該帶著什麼樣的想法去洗碗呢？

藝書：「如果我去洗碗，其他人就能稍微休息，那麼就有更多時間可以跟我相處了吧？」好像可以用這樣的想法，開心地去洗碗的樣子。

爺爺：如果這次媽媽看到妳在洗碗，卻沒有跟妳說「謝謝」，妳還會繼續洗碗嗎？

藝書：會！

爺爺：為什麼呢？

藝書：剛剛說過啦！因為這樣媽媽就可以多休息一會，也就有更多時間和我相處了。

爺爺：嗯，是為了媽媽、藝書和所有人做的事，所

以現在即使沒有得到稱讚，也沒有人跟妳道
謝，還是可以開心地去做嗎？

藝書：嗯，對啊！

爺爺：那再回到教室的情況。教室地板上有張衛生
紙，妳撿起衛生紙丟進垃圾筒，但沒有人看
到。托妳的福，同學們和老師都有乾淨的教
室可以用了，妳覺得呢？

藝書：啊！

爺爺：會因為沒有人看見我做的事，所以乾脆裝作
沒看到衛生紙嗎？

藝書：不會！

爺爺：為什麼呢？

藝書：因為我為了同學們和老師，維持教室的清
潔，也就是說，我為班上完成一件事，這樣
很好！

爺爺：嗯。這就是得到勇氣的方法。發現自己可以
幫助媽媽、同學們、老師的時候很開心吧？
即使沒人發現，自己也會有意願去做。「去

做對別人有幫助的事」，用艱深一點的說法就叫做「貢獻」。「得到稱讚時的快樂」是無法和「貢獻讓人感受到的快樂」比較的。現在妳知道得到稱讚和幫助別人的差異了嗎？

藝書：嗯，感覺不太一樣，有種肯定自己的感覺？

爺爺：沒錯，這就叫做「自我感知個人價值」。妳如果不是從別人的稱讚或期待中感覺到，而是自己覺得「我有我自己的價值」的話，就會得到勇氣。

藝書：可是，如果有一天我生病在家，所以沒辦法去學校，也沒辦法撿衛生紙，媽媽也可能因為要照顧我不能去公司，那這樣的我不就沒有價值了嗎？

爺爺：不會。每個人都有相對年齡所符合的角色和責任。藝書妳是爸爸、媽媽珍惜的女兒，也是爺爺珍貴的孫女，光是妳的存在，對我們而言就是巨大的力量，妳已經充分地貢獻

了。即使妳不洗碗，不成為鋼琴家，爺爺或爸爸、媽媽也會愛著妳，因為妳只要是妳就好了，不需要變成別人；只要妳能認為自己有價值，跨出新的每一步，我和爸爸、媽媽都會幫助妳，並為妳加油。所以啊，藝書，妳願意試著拿出勇氣嗎？

藝書：嗯，雖然很困難，但我願意試試看。

爺爺：謝謝妳啊。

藝書：爺爺為什麼要謝謝我？

爺爺：因為爺爺很感謝藝書喔！其實我一直很苦惱該不該跟妳講這些話，畢竟內容有點困難，也會擔心妳能不能理解。可是妳不但仔細聽我說，還努力地去理解，所以我真的很感謝妳啊！

藝書：嘿嘿。其實我沒辦法完全聽懂爺爺您說的，現在也不是百分之百理解。我只是在和爺爺聊天的過程中，一點一點地了解而已，我也不知道有沒有理解正確。

爺爺：那樣也足夠了，就算慢慢前進，只要有願意前進的心，不就算成功了一半嗎？總之，我們在生活中會遇到無數的課題，也需要克服它們，這是沒有人能代替我們的事，所以我們需要面對課題的勇氣。如果有勇氣，藝書妳未來就能達成更多的事，擁有無窮無盡的能力。只要妳能鼓起勇氣，就能慢慢發揮那些能力。一方面知道自己對他人有幫助，另一方面思考「以後我該做什麼」就行了。如果想著我能做什麼，並實踐的話，一定能夠勇敢的生活。

深入思考
進入阿德勒的書房

　　常常幫助周邊的人，就能發掘自己真正的價值。
那麼我們可以怎麼幫助身邊的人呢？從親近的人開
始，想想可以怎麼幫助他們，並寫下來吧！

父母
- -

- -

兄弟姐妹
- -

- -

朋友們
- -

- -

老師
- -

- -

除此之外
- -

- -

**想想看最近曾經幫過誰的忙,並說說看當時的心情
和想法如何吧!**

例:哥哥太晚回家,被媽媽罵的時候,我幫哥哥解釋了他
不得已晚回家的原因。因為幫了年紀比我大、力氣也比我
大的哥哥,所以我覺得自己很厲害。

－－－－－－－－－－－－－－－－－－－－－－－－－－－－－－－

－－－－－－－－－－－－－－－－－－－－－－－－－－－－－－－

－－－－－－－－－－－－－－－－－－－－－－－－－－－－－－－

－－－－－－－－－－－－－－－－－－－－－－－－－－－－－－－

－－－－－－－－－－－－－－－－－－－－－－－－－－－－－－－

－－－－－－－－－－－－－－－－－－－－－－－－－－－－－－－

－－－－－－－－－－－－－－－－－－－－－－－－－－－－－－－

－－－－－－－－－－－－－－－－－－－－－－－－－－－－－－－

不特別又怎樣，鼓起勇氣吧！

藝書：那麼爺爺，如果我決定要思考什麼事是我做得到的，然後實踐它，我該從哪裡做起呢？

爺爺：首先要接納自己，才能看見自己吧？

藝書：接納自己？

爺爺：就是接受原來的自己。分辨不能改變的及可以改變的，並聚焦在可以改變的部分。妳忘記醜小鴨的故事了嗎？

藝書：對耶！我又忘了！但是那太難做到了。

爺爺：因此我們才需要「變平凡的勇氣」。

藝書：變平凡的勇氣？為什麼不只要拿出勇氣，還要變平凡呢？特別不是很好嗎？

爺爺：呵呵呵，妳是這樣想的嗎？那如果我說人也
　　　需要「被討厭的勇氣」，妳應該會嚇一大跳。

藝書：什麼！還有那種勇氣嗎？可是，為什麼需要
　　　被討厭的勇氣呢？

爺爺：也是，就算是大人聽到這句話，應該也會說
　　　「什麼！」，嚇一大跳吧！何況是妳呢？嚇
　　　到是很正常的。

藝書：是啊，我完全不能理解。

爺爺：嗯～藝書，妳可以理解爸爸透過搗蛋想得到
　　　他人關心，而且想成為「特別的孩子」的這
　　　件事嗎？

藝書：可以。

爺爺：那麼妳可以理解 Jenny 因為害怕從「特別的
　　　Jenny」變回「平凡的 Jenny」，所以努力獲
　　　得認同的這件事嗎？

藝書：害怕變平凡嗎？

爺爺：對，的確有可能突然感到害怕。不管是爸爸，

還是 Jenny，都想成為「特別的人」，所以不管是責罵還是稱讚，他們是希望受到大家關注，若有一天這些關注突然消失，他們就會擔心自己看起來沒有用。不過之前我也說了好幾次，自己的價值不是別人決定，而是自己決定的。如果依靠別人的意見、想法或稱讚，就只能活在別人的想法底下，那會是多不幸的人生呢？

藝書：就算是這樣，也不一定要變得平凡啊！為什麼必須拿出勇氣變平凡呢？還有那個什麼？要被討厭？到底在說什麼？

爺爺：看來我們藝書不喜歡被討厭啊～

藝書：當然啊！被討厭的話就會很難過！而且世界上哪有人喜歡被討厭！

爺爺：好，好，我們一步一步來思考。妳爸爸和 Jenny 都想變特別，但最後結果如何？

藝書：都變得不幸福。

爺爺：那麼為什麼人們總是努力變得特別呢？平凡
　　　不行嗎？說實話，藝書或爺爺不都是平凡的
　　　人嗎？

藝書：對，所以一點都不起眼，但是特別的人就算
　　　做點小事，也非常顯眼，反正就很不一樣。
　　　之前我覺得我選不上班級代表，也是因為我
　　　的身高普通，又不特別，一點也不顯眼，當
　　　然不可能選上……這些想法都會在腦海裡一
　　　直打轉。我不喜歡當平凡的人！

爺爺：嗯…看來妳認為平凡就是沒有實力，用大人的話來說，就是無能，不過平凡並不是這種意思。我想想，該怎麼說比較簡單呢？假設我們以會讀書為基準，會讀書的孩子是特別的，其他孩子就是平凡的呢？想想看，妳們班上的第一名就比較特別，其他同學就很平凡嗎？

藝書：爺爺，我們學校不排名次的，考試之後只會告訴我們平均分數，名次是我們私下猜測的而已。以前的學校會讓前十名站起來接受掌聲，但現在這裡不會。

爺爺：是嗎？我不曉得。那麼，當時那前十名的人特別嗎？

藝書：當然不特別啊！就只是站起來接受掌聲就沒了，我也曾經接受過。所以說我已經很平凡了，還要我拿出變平凡的勇氣，太奇怪了。世上那麼多偉大的人也不是因為拿出變平凡

的勇氣才變得偉大的吧？一定是向著遠大的目標，努力完成夢想的！

爺爺： 啊，妳認為人生要有目標才行嗎？

藝書： 當然，如果沒有目標，怎麼知道以後要做什麼呢？我的朋友們也都有夢想。您也知道，我的夢想是成為鋼琴家。

爺爺： 那在成為鋼琴家之前，妳的人生會是怎麼樣的呢？

藝書： 就是為了成為鋼琴家的過程囉！

爺爺： 那麼萬一過程中妳一直很努力，但最後無法成為鋼琴家的話，這段人生會變得如何呢？

藝書： 那個……不是啊，爺爺您不是說這不需要現在決定！

爺爺： 是，我是說過，不過妳願意想想看為什麼我這麼問嗎？

藝書： ……

爺爺： 藝書，不能成為鋼琴家不能代表這段期間妳

的人生是錯誤的或有問題的，每天認真練習彈琴的時間才是重要的。也就是比起想成為鋼琴家的目標，為了達成那個目標，充實地過每一天才是最重要的。

藝書：每一天都過得充實？

爺爺：對，若只是嘴巴說想成為鋼琴家，卻連鋼琴蓋都不打開，會變怎麼樣呢？當然，要成為鋼琴家還是很遠的未來，但想像著那天的到來，每天練習鋼琴，平淡卻充實地過每一天，這就是變平凡的勇氣。

藝書：充實地過每一天就是變平凡的勇氣？

爺爺：沒錯，不過充實地過每一天並不是那麼容易的事。未來並不是突如其來的，而是每一個平凡的今天所組成的。不管有沒有偉大的夢想，或是最後有沒有實現，每天都要努力生活；然後就算沒有得到想要的結果，也能全然接受，這就是擁有變平凡的勇氣，並接納

了自己。

藝書：那什麼是被討厭的勇氣呢？

爺爺：妳已經知道了啊！

藝書：我知道了？該不會……

爺爺：嗯，換個說法，就是不要害怕被討厭，這樣可以理解嗎？

藝書：……

爺爺：哎喲，爺爺是不是跳得太快啦！那我再重新說一次吧！即使妳現在還不確定，卻還是說鋼琴家是妳的夢想的理由是什麼？妳仔細想想看。

藝書：因為擔心媽媽會失望，更怕媽媽說不定會討厭我。

爺爺：所以我跟妳說過，分割別人的課題和自己的課題是很重要的，對吧？

藝書：對。

爺爺：那就是被討厭的勇氣，不過也不是指做討人

厭的事就無所謂,呵呵呵。首先,每個人都必須要忠於自己的角色,並對自己該做的事負責。在這過程中,就算產生失誤也沒關係,而能全然接受這樣的失誤就是被討厭的勇氣。

藝書:喔!

爺爺:當然在這個過程中,像父母或我們這些大人也能夠幫助妳,但是,最後的選擇是誰的責任呢?

藝書:我的。

爺爺:沒錯。不過雖然妳能自由的選擇,卻也會害怕吧?就像剛才說的一樣,擔心媽媽會討厭自己或感到失望等等,因此,「被討厭的勇氣」就是指能夠面對這些恐懼的勇氣。這並不是要妳不聽父母的話,只按照自己的意思生活,而是希望妳能知道自己想要什麼,然後清楚地傳達給父母。

藝書：所以意思就是我的人生是我自己選擇的，不用擔心別人說什麼而退縮，要先辨別自己真正想要的是什麼？

爺爺：沒錯！藝書，記得「能改變我的人只有我自己」這句話，所以要相信自己，去嘗試自己想做的事。

信任使我們相處得更好

　　早晨悶熱的天氣散去，取而代之的是傾盆而下的雷陣雨。藝書在雨滴猛烈地敲打聲，以及撼動天空的打雷聲中驚醒，突然被嚇著的藝書大聲叫著爺爺，卻沒有得到任何回應。「爺爺！爺爺！」藝書用越來越尖銳的聲音喊著。

這時，聽到從二樓傳來爺爺的聲音，「喔，藝書醒啦！」藝書上樓一看，發現爺爺正看著窗外。

藝書：爺爺您在做什麼？

爺爺：我在聽廣播。有時在二樓聽著廣播，看著窗外，就能產生力量。我也會聽著人們透過廣播電台分享的各式各樣故事，想像著各種情況，這樣做之後，我也會不知不覺產生勇氣喔！

藝書：廣播也有談到勇氣嗎？

爺爺：呵呵呵。人們會將開心或難過的事、此刻自己的心情，還有周邊發生的事寫下來寄到廣播電台，DJ 就會說出這些故事，然後我會靜靜地聽這些故事，想著「原來世界上不是只有我一人啊～」、「啊！有人的想法跟我很類似呢！」，這樣我就也能得到勇氣。藝書，來看看窗外，雨停了，我好像聽到夏天漸漸離開的聲音，外面的那些人會在想什麼呢？

藝書：爺爺，您今天好奇怪，跟平常不一樣。

爺爺：是嗎？我覺得想像各種情況很有趣。那邊正在走路的人在想什麼？應該在想等一下晚上要跟誰見面吧！那邊那個撐著雨傘的孩子正前往朋友家，搞不好會在朋友家吃午餐。

藝書：哇！您怎麼知道？

爺爺：是我的想像啦！每次看，想法都不一樣。哈哈哈！

藝書：哎喲～

爺爺：我們一起想像看看吧！或許妳明天就真的會見到窗外的人們，他們也有可能是妳認識的人，或者說不定是十年後會認識的人。搞不好你們已經見過面，卻因為不認識而擦身而過，還有……

藝書：……也有可能是明年升上五年級的班導師。

爺爺：很好！常常這樣想像的話，就會對窗外的人們產生感情，也會想要走過去說說話。如果那個人看起來悶悶不樂的話，就會想請他打

起精神，為他加油，妳覺得呢？

藝書：喔，真的是這樣！那邊那個穿紅色衣服的人
　　　走路的樣子好有趣，光看背影就覺得是心地
　　　善良的人。

爺爺：哈哈哈，妳是指站在超市前的那個人吧？爺
　　　爺也這樣覺得，跟他一起聊天應該會很愉
　　　快。不過，超市的奶奶今天的表情特別黯淡。

藝書：真的耶！平常總是笑容滿面的。

爺爺：好像是出來確認雨是不是停了，表情看起來
　　　很擔心。

藝書：不知道為什麼看起來很難過。

爺爺：是啊，妳如果成為奶奶的朋友，給她一句加
　　　油的話，她的表情應該會變得明朗許多，說
　　　不定還能鼓起勇氣呢！

藝書：我嗎？哎呀，我跟那位奶奶不熟，而且她是
　　　大人……

爺爺：年齡不是問題，只要雙方互相尊重，不管年
　　　齡差異，還是可以締結親密的關係。爺爺之

前有說過妳爸爸以前是足球隊的嗎？

藝書：沒有，只有說爸爸喜歡足球。

爺爺：啊，是喔！妳爸爸國中一年級時有參加足球隊，雖然後來因為腳受傷而退出了。

藝書：真的嗎？

爺爺：是啊。我來跟妳說說當時的事吧！那時妳爸爸剛上國中沒多久，有一次說和別的學校足球隊有比賽，我和奶奶就一起去幫忙加油。那是我第一次看妳爸爸參加足球比賽，比賽過程中，東奔西跑的身手非常輕盈、快速，讓我相當驚訝。

藝書：真的嗎？原來爸爸以前炫耀的是真的。

爺爺：嗯，他真的踢得很好。雖然很可惜地輸了，不過包含妳爸爸在內的選手都很努力地奔跑，即使輸了，也令人驕傲。比賽結束後，我剛好有機會和爸爸的足球隊教練聊聊，那位教練相當與眾不同。

藝書：有什麼不同？

爺爺：當時大家對運動教練的印象都是很嚴苛的，雖然現在也是如此，但當時形象更加鮮明。可是那位教練和我所認為的不同，和足球隊學生就像朋友一樣，感情相當好。

藝書：像朋友嗎？教練怎麼可以像朋友一樣對待年紀還小的學生呢？這樣的話，學生應該很調皮吧？

爺爺：哈哈哈。那位教練對學生有強烈的信心，也就是「信任」，意思是「無條件地相信他人」，這樣的信心是不會輕易被打破的。正因為信任，所以教練能夠相信學生，並單純以人對人的態度來對待學生。

藝書：這和目前為止所說的相信不一樣嗎？

爺爺：與其說不一樣，不如說信任更堅定、紮實？妳應該也有真的很親近的朋友吧？

藝書：有！

爺爺：那會和朋友說祕密嗎？

藝書：當然會！

爺爺：妳因為相信朋友會守住祕密，所以不管什麼
　　　都能講，對吧？

藝書：對，因為是我的朋友啊！我們已經約好連大
　　　學都要一起上學，之後還要當一輩子的朋
　　　友。

爺爺：嗯，因為是朋友，所以無條件的相信彼此；
　　　反過來想，因為堅定的相信彼此，所以才能
　　　成為朋友，信任他人跟將對方當作朋友是連
　　　貫的。

藝書：喔……

爺爺：信任也會使人跟人之間的關係越來越深。妳
　　　可以對不信任的同學敞開心扉嗎？

藝書：不行。

爺爺：是啊。傳遞出對對方的信任，對方也會知道，
　　　對吧？所以足球隊的學生，也像朋友一樣對
　　　待教練，並願意相信、跟隨他，那和沒禮貌
　　　是不同的。因為那樣彼此相信、尊重，待在
　　　足球隊多有趣啊？即使輸了，大家還是互相

鼓勵，喊著「下次一定要贏！加油！」，氣
氛變得很好。

藝書：真的很棒！

爺爺：當然孩子和大人還是有差異，親身經驗、知
識、體型和力氣上都有差別，但大家全都是
人類，因此平等的對待是應該的吧？經歷豐
富的人可以分享自身的經驗和知識，體型和
力氣較大的人也能給予幫助，就像爺爺和妳
一樣。

藝書：哈哈哈。

爺爺：教練一定也是這樣，雖然和學生有差異，卻
像朋友一樣平等的對待；比起責罵或稱讚，
用簡單的一句「謝謝」傳達自己的感謝，也
可以說是接納學生原本的樣子。妳爸爸就是
從那時開始改變，不再利用搗蛋去獲得關
心，而是透過足球隊，了解自己的價值。那
之後不用說下去也知道了吧？

藝書：嗯，我好像了解了。

爺爺：令人感謝的是，這原本應該是我要負責的角色，教練卻代替我做到了。托教練的福，我也學習到很多，到現在我都很慶幸當時能夠遇到這位教練。

藝書：所以故事結束了嗎？

爺爺：爺爺想說的是，無論年齡如何，我們都能和他人成為朋友。以前我也提過，生活中我們必須和別人締結關係吧？既然這樣，比起吵吵鬧鬧，彼此友善的相處不是更好嗎？如果想要友善的和他人相處，只要平等的對待就行了。

藝書：喔～所以我看到超市的奶奶很難過的樣子，我也可以用溫暖的話給予她勇氣嗎？

爺爺：沒錯！

我們不可能得到
所有人的理解和喜愛

爺爺：藝書，還記得上次妳在父母節*時送我花的
　　　事嗎？當時妳也給了我勇氣喔！

藝書：我？

爺爺：沒錯！妳邊說「謝謝爺爺的照顧」，邊將花
　　　遞給我時，我發自內心地感到開心，並且有
　　　了「我有幫助到藝書啊」、「以後要更用心
　　　照顧藝書」的想法，也得到了勇氣。

藝書：喔～原來如此。我當時也因為您很喜歡，所
　　　以很滿足，嘿嘿。

註 *　父母節：5 月 8 日原為韓國的母親節。自 1973 年起，正式將
　　　母親節和父親節合併，5 月 8 日被稱為父母節。

爺爺：就是這個心情！若我給予他人勇氣，不只是
　　　對方，我自己也會得到勇氣和力量。給予勇
　　　氣的行為就像是魔法一樣，雖然是我給予他
　　　人，自己卻能得到更多。

藝書：我好像稍微懂您說的話。

爺爺：嗯，我們隨時可以出門，給經過的人勇氣，
　　　同時我們自己也可以得到很大的勇氣。

藝書：心情好奇妙，我竟然可以給予別人勇氣……
　　　讓我有點緊張。

爺爺：不管在什麼時間、空間，我們都能給予他人

勇氣。試著到每處，微笑著向遇到的每個人
說「謝謝」、「沒關係」、「辛苦了」，妳
會發現這些話就像照鏡子一樣，會反射回妳
的身上，讓妳變得更堅強、漂亮。

藝書： 真的好像魔法，讓我能變得更漂亮的魔法。
現在好像稍微了解給予的快樂了。我會成為
給予別人勇氣的人的！

爺爺： 很好。之前也提到，人是無法脫離群體的，
必須一起工作、一起生活。因此，我們會因
為他人而開心，也會因為他人而疲憊。

藝書： 沒錯。我有時候早上去學校時心情很好，卻
會因為同學的緣故，心情不好地回家。

爺爺： 嗯，因為我們必須和他人一起生活，而所有
的幸福和不幸也都來自於此。

藝書： 嗯，在學校裡，平常和同學相處得不錯，但
吵架或對同學感到失望時，我都覺得很累，
但又不能因為這個原因不去學校……

爺爺： 不只是妳，所有的人都是如此，爸爸、媽媽

在公司一定也會遇到跟妳一樣的狀況。我們之前一直有提到，「我怎麼做」很重要，而要怎麼做的選擇權也在妳的手上，不是嗎？爺爺希望妳能在生活中，帶著勇氣去相信及幫助他人。

藝書：好，我會努力。

爺爺：很好。妳就是妳，妳可以自己選擇妳的人生，所以不需要太留戀於他人的稱讚或評價，也不需要和他人比較而有壓力。

藝書：我應該懂了。

爺爺：嗯，那麼要再談談妳現在最重要的問題嗎？

藝書：我現在最重要的問題？不知道為什麼聽起來有點可怕。

爺爺：不需要害怕，因為妳一定可以好好克服的。那我們再來談談妳想成為鋼琴家的夢想吧？

藝書：喔，是指這個問題嗎？

爺爺：不需要害怕，我們一步一步地整理思緒吧！

藝書：好。

爺爺：嗯，妳想成為鋼琴家的夢想是源自於媽媽嗎？

藝書：好像是，媽媽希望我成為鋼琴家，可是要成為鋼琴家的人不是媽媽，而是我的事，所以我必須自己做選擇。

爺爺：所以？

藝書：但我擔心媽媽會失望、傷心，這樣我也會難過。

爺爺：每次都在這裡卡住呢！藝書，妳有喜歡的藝人嗎？

藝書：有，是一個唱歌很好聽，舞也跳得很棒的明

星哥哥。除了我之外，還有很

多人也喜歡他，人氣非常高喔！

爺爺：那班上同學都喜歡這位明星嗎？

藝書：沒有，也有人不喜歡，還有人說他

沒有雙眼皮，所以討厭他。我們班

的美珍就這樣說。

爺爺：就是這樣，有喜歡他的人，也有

不喜歡他的人。那我們藝書呢？妳

算受歡迎嗎？

藝書：我很普通。有喜歡我的同學，也有不跟我說

話的同學……

爺爺：嗯，不管到哪裡，都會有喜歡我們的人，也一定有討厭我們的人；妳應該也很清楚，因為妳也有喜歡和討厭的同學吧，可能還會有不太在意的同學。

藝書：是沒錯……

爺爺：所以妳不需要太在意。

藝書：不用在意？就算他罵我？

爺爺：妳不會改變吧？即使對方罵妳，妳也不會因此有什麼改變。而且，對方會因為妳改變就喜歡上妳嗎？

藝書：嗯？

爺爺：不管我們多努力，一定會有討厭我們的人，那是我無法改變的，因為那是對方的想法。妳應該也有那種待在一起會覺得不自在，常常意見不和的同學吧？

藝書：剛剛提到的美珍就是，她每次都只說自己的事，認為自己是對的，所以我每次跟她說話都覺得很悶。

爺爺：所以妳會想和美珍感情變好嗎？

藝書：不會。

爺爺：就是這樣，妳可以這樣，難道別人不行嗎？
這樣太不公平了。我們是不可能得到所有人
的理解和喜愛，若想得到所有人的喜愛，那
就太過貪心了。一旦貪心，辛苦的不會是別
人，只會是自己。

藝書：嗯……

爺爺：還有，不管是多親近的關係，雙方都是不可
能完全了解對方的。藝書妳完全了解媽媽
嗎？

藝書：沒有。我有時也會無法理解媽媽，會想說她
為什麼要那樣做。

爺爺：嗯，不論再親近的關係，彼此也不可能完全
了解。舉例來說，媽媽喜歡泡麵，所以妳就
想說媽媽今天中午應該吃了泡麵，但這樣想
是不對的，媽媽有可能是早上吃，或者因為
肚子不舒服而不能吃，也有可能現在不喜歡

了。再反過來問，爸爸、媽媽有知道妳的一切，並且完全了解妳嗎？

藝書：他們不會完全了解的。爸爸一直待在國外，媽媽因為工作很忙，經常晚回家，有時也會像這次一樣，到很遠的地方出差，怎麼可能完全了解我呢？

爺爺：嗯，這部分讓妳很失望吧！

藝書：會有點難過。不過這段時間您也常說啊，大家都過著自己的人生……我試著想成爸爸、媽媽是在認真處理他們的課題。

爺爺：嗯，我們藝書想了很多呢！只要像現在這樣想就好。父母要過父母自己的人生，妳也要過妳自己的人生。妳只要充實地過每一天、每個瞬間就行了。

藝書：可是這樣想的話，就會覺得和爸爸、媽媽的距離變遠了。

爺爺：雖然會這樣覺得，但爸爸、媽媽一直都會在身邊守護著妳的。他們會在妳的人生路上為

妳加油，在妳遇到困難時給予勇氣，在妳有煩惱時，跟妳一起尋找答案。即使妳的選擇跟父母所期待的不同，他們也絕對不會討厭妳，還會幫助妳，因為他們是最信任妳，也是跟妳最親近的朋友。妳應該也是吧？妳也是最信任爸爸、媽媽的人吧？

藝書：沒錯！您這樣說讓我放心許多。

爺爺：嗯，那太好了，呵呵。

藝書：爺爺，雖然媽媽希望我成為鋼琴家，而我也喜歡彈鋼琴，但是我會再仔細想想看原因，到底是因為媽媽喜歡，還是因為我自己真的喜歡才想成為鋼琴家。等我想好，下次再告訴您。

爺爺：好，我會等妳。

我喜歡我們班

　　過去幾天下了好幾場雷陣雨，此刻刺眼的陽光正擦去雷陣雨的足跡。藝書和爺爺說好，吃飽後要去社區散散步。爺爺邊哼著歌，邊準備午餐，藝書則在書桌前煩惱還沒寫完的暑假作業。兩人吃完午餐後，便帶著相機出門了，可是出去不到一小時就又回到家裡。

爺爺：哎喲，都下了雷陣雨，還是好熱啊！

藝書：難怪大家都說天氣很悶熱，外面簡直像是蒸氣房。

爺爺：呵呵，看來妳很累呢！話說回來，我們沒拍到什麼照片，怎麼辦？

藝書：沒關係，反正暑假作業要我們做自己想做的主題。我原本打算拍攝社區，做一本相簿，但現在太熱，應該行不通，所以我正在想要不要畫院子裡的花。

爺爺：所以進來前才拍了花圃啊！

藝書：對啊。爺爺，請幫我把相機裡的照片放到電腦上，我要用電腦印大張一點出來，再看著畫。

爺爺：就這樣做吧！來，筆記型電腦在哪裡？……好了！照片放到電腦上了。

藝書：謝謝您。爺爺，您看這朵花，很漂亮吧？

爺爺：是啊，十分美麗，實際上看到時都沒發現呢！妳看這片花瓣上的水滴，好像是清澈的露珠。

藝書：對啊，很透亮。

爺爺：對了！妳看看這個。

藝書：照片變得像棋盤一樣，這是怎麼用的？

爺爺：我把照片放大了。放大之後，都看不出這是一朵花了。

和別人相處的勇氣 •

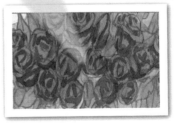

藝書：對啊，而且其實是好多顏色混在一起。原本
看起來是紅色，但現在看起來有黑色，也有
黃色。真的好神奇喔！

爺爺：嗯，世界上所有事物都是這樣組合在一起的。

藝書：爺爺突然說這句話是什麼意思呢？

爺爺：看著照片，就突然有這樣的想法，就像這朵
小花也是包含好多種顏色，才形成美麗的色
彩，若世上各式各樣的人也能聚集在一起，
創造一個美麗的世界就太好了。

藝書：就只是花而已啊。您的話聽起來好像詩詞，
我似乎聽得懂，卻又好像謎語。

爺爺：我是在想如果我們都和他人產生人際關係，
彼此相愛，每個人都在自己的位置上做到最

好，我們也能創造出這麼美麗的花朵。看看這朵花，平常用我們雙眼看只是一朵火紅的花，但仔細一瞧，才發現裡面有各種顏色；同樣，我們的世界也是各自帶有不同色彩的人聚集一起所形成的，可是若有人太過貪心，想把自己以外的顏色去掉，那麼花就變得不美麗了。

藝書：喔！突然回想起當時學校的翻紙卡練習。

爺爺：回想？呵呵呵，沒錯，當時妳信任其他人會

準確地翻紙卡，並且專心完成自己的部分，所以你們才能完成一幅很棒的圖畫。

藝書： 我只是想著至少我要翻好，因為不能讓其他同學變辛苦。我能做的就只有翻自己的紙卡。

爺爺： 原來如此。這就稱作「共同體感覺」，原本就存在我們裡面，所以妳會那樣行動是很正常的。

藝書： 共同體感覺？而且已經在我裡面了？

爺爺： 嗯，有點困難吧？我們一點一點了解吧！首先共同體是指教室、學校、社區、國家、地球村等，我們所屬在裡面的團體或社會。

藝書： 所以我們班是共同體囉？

爺爺： 沒錯！妳是四年一班這個共同體的一員，妳的同學也都是其中一員。妳和同學們為了四年一班會撿垃圾和打掃，對吧？如果有腳受傷的同學，就會幫他拿書包，也會幫老師做事吧？

藝書： 對，沒錯！我喜歡我們班，雖然有不熟的同學，但同學和老師都很好，明年還能同班就

好了！

爺爺：嗯，妳這麼喜歡四年一班，所以想為了四年一班的教室、同學和老師做些什麼的心情就是「共同體感覺」。感覺是「感知到的東西」，也就是妳喜歡四年一班的心，進而，妳會想自己能夠為四年一班做點什麼。之前也提過「貢獻」吧？就是做對別人有幫助的事。

藝書：對，有講過。

爺爺：嗯，當時為了四年一班撿衛生紙的想法就是共同體感覺，同時，也因為妳是四年一班的人，為了四年一班做了很多事，才會產生這樣的感覺。

藝書：那麼，共同體感覺也能給予勇氣囉？

爺爺：沒錯！妳能一點一點聽懂，真是太棒了！

藝書：嘻嘻！

爺爺：不只是妳，其他四年一班的同學也都帶著自己的主觀意識，做好自己的事，並彼此信任、幫助、依靠，一朵美麗的花就不知不覺地在

你們之間盛開。在家人、學校、社區、國家和地球村也都會有芬芳的花朵盛開，讓世界變得更美麗，也讓我們變得更幸福。

藝書：聽起來真的好棒。我人生的主角是我，別人的人生的主角是他自己，只要我們充實地過每一天就能夠做到。

爺爺：是啊，只要這樣做就好。

藝書：我現在了解您說的勇氣是什麼，也知道我可以自己做選擇。不用什麼都做得好，也不用在意他人的眼光；只要我改變，世界也會跟著改變，我想我應該擁有很強大的力量吧！

爺爺：藝書有很堅定的眼神呢！我也相信妳的力量，為妳加油。

藝書：爺爺真是……對了！我得寫暑假作業，做完之後再繼續聊天。

爺爺：好！爺爺也去看書。如果做作業時，有需要我幫忙的話，隨時都可以叫我，我就在房裡。

藝書：好！

　　藝書看著剛剛在外面拍的照片，並選了一張最中意的，那是一朵色彩繽紛，相當美麗的花。她按下影印鍵，影印機發出微小的聲響，將美麗的花朵印在紙張上。

　　外面又開始下起雷陣雨，藝書看著窗外想： 大家都有帶雨傘吧⋯⋯

在人生中，我們會和數不盡的人產生人際關係，
仔細思考下列問題，回答看看吧！

我所在的學校是 ，

我所在的社區也是 ，

而且我也屬於 。

有經常見面、聯絡的人或團體嗎？

為什麼和這些人或團體在一起會感到開心呢？

為了我所屬的共同體，我能做什麼？

哈囉！我是蓺書。這個暑假，我和爺爺展開了勇氣的旅行，過程中我產生了人生需要的勇氣，內心也成長了許多，不過這一切都是因為有一個人才存在，不好奇這個人是誰嗎？

勇氣心理學學者──阿德勒

看看這張照片，這位就是阿德勒爺爺，正確來說是阿爾弗雷德‧阿德勒博士。這個暑假，我和我的爺爺談了很多，關於我是誰、我真正的模樣是什麼、怎麼做可以更幸福等等的話題，爺爺說他是以這位阿德勒博士研究的個人心理學為基礎來給我建議的。跟你說，這是祕密喔！其實一開始聽爺爺說什麼主觀、客觀、彩虹顏色……，我都不知道

他在說什麼，腦袋一片空白，只是點頭。可是啊，過了一段時間，認真地聽爺爺所說的話之後，慢慢地會這樣想「喔～只要我下定決心，是可以改變的啊！」、「我也想像爺爺一樣思考和行動」。

現在我可以更有自信的說，因為我的爺爺和阿德勒爺爺，我更了解我自己，也變得更加幸福！因此，我也對阿德勒到底是一位怎麼樣的人物產生好奇心，所以去了解一番，要一起看看嗎？

阿德勒爺爺在一八七〇年奧地利的首都維也納出生，三歲時因為肺炎，差點失去性命，雖然自己好不容易活下來，弟弟卻在不久後因病過世，這件事讓他決定要成為醫生。一般來說，很會念書的人才能當醫生，但阿德勒爺爺身體不好，身高不高，也不太會念書，在和哥哥的比較之下，阿德勒爺爺產生了自卑感，並且受自卑感折磨。不過，阿德勒爺爺在他爸爸的幫助下，鼓起勇氣、打起精神，經過不間斷的努力下，不僅成績進步到全班第一名，也克服了自卑感。更驚人的是，他也完成小時候的願望，成為了一位醫生。

之後，阿德勒爺爺遇見了心理學領域的權威——佛洛伊德博士，也對心理學越來越有興趣，努力研讀心理學後，他也成為一位心理學家。我雖然不清楚心理學是什麼，不過我聽說是一種了解人的心理的學問，所以阿德勒爺爺不僅成為治療人的身體的醫生，也變成了解人的心理的心理學家了。

　　阿德勒爺爺好像也很喜歡小朋友，十分關心教育，除了在公立學校內設置兒童諮詢室，幫助小朋友，也幫助小朋友的父母、老師和醫生。他在有生之年，還以心理學家的身分寫了很多書，並到處演講，甚至在美國當過心理學教授，我想他一定很喜歡心理學。

　　阿德勒爺爺後來發表了「個人心理學」，內容包含他從小時候的經驗領悟到的「人類有無限大的可能性」，還有重視未來，以及正向思考。「只要有勇氣，我們就有無限大的可能性，也能變幸福。因此，我們需要『坦然接受現在的自己的勇氣』」怎麼樣？這段話很帥氣吧？因為這段話，他的心理學也被稱作「勇氣心理學」。

　　「所有煩惱都來自人際關係」，以及「所有快

樂也都來自於人際關係」也是阿德勒爺爺的論點之一，這兩句話指的是，雖然我們會因為和他人比較，或想被他人注意而煩惱；但我們也會因為敞開心扉，結交到朋友而感到開心，不是嗎？

在見到爺爺和認識阿德勒爺爺之前，我也曾經希望所有人都喜歡我，但後來我知道我並不需要。如果想被所有人注意，或只想得到稱讚的話，我就會依賴他人的期待生活。但我現在已經稍微了解「我」的價值了，我們每個人都有屬於自己的角色，也有屬於自己的課題，而且沒有人能代替我自己完成，只有我才做得到。

我會在長大的過程中找出我真正的價值，這樣就能一直很幸福。我知道施比受更快樂，會主動幫助他人，也不會跟他人比較，而且我會成為我人生的主角。能夠認識阿德勒爺爺，並發現原本藏起來的有自信的我，真是太好了！

只要有勇氣，我們就有無限大的可能性，也能變幸福。

高寶書版集團
gobooks.com.tw

FU 087
被討厭也沒關係：給孩子的阿德勒勇氣心理學
미움받아도 괜찮아

作　　者　黃纔演（Hwang Jaeyeon）
繪　　者　金完鎮（Kim Wanjin）
審　　定　朴Yejin（Park Yejin）
譯　　者　吳詩芸
主　　編　楊雅筑
企　　劃　鍾惠鈞
校　　對　吳珮旻
封面設計　黃馨儀
排　　版　趙小芳

發 行 人　朱凱蕾
出　　版　英屬維京群島商高寶國際有限公司台灣分公司
　　　　　Global Group Holdings, Ltd.
地　　址　台北市內湖區洲子街88號3樓
網　　址　gobooks.com.tw
電　　話　(02) 27992788
電　　郵　readers@gobooks.com.tw（讀者服務部）
　　　　　pr@gobooks.com.tw（公關諮詢部）
傳　　真　出版部　(02) 27990909　行銷部 (02) 27993088
郵政劃撥　19394552
戶　　名　英屬維京群島商高寶國際有限公司台灣分公司
發　　行　希代多媒體書版股份有限公司/Printed in Taiwan
初版日期　2018 年 4 月

國家圖書館出版品預行編目(CIP)資料

被討厭也沒關係：給孩子的阿德勒勇氣心理學 / 黃纔演
（Hwang Jaeyeon）著；吳詩芸譯 -- 初版. -- 臺北市：
高寶國際出版：希代多媒體發行, 2018.04
　面；　公分. -- (未來趨勢學習；FU 087)

譯自：미움받아도 괜찮아

ISBN 978-986-361-512-5(平裝)

1.親職教育　2.親子關係

528.2　　　　　　　　　　　　　107003177